中公新書 2392

岡本隆司著

中国の論理

歴史から解き明かす

中央公論新社刊

はじめに――歴史からのアプローチ

謎の国

高層ビルがたちならび、所狭しと自動車が行き交い、日本でいうところの新幹線・高速鉄道が運行する。中国の大都市は一見したところ、すっかり現代的で、日本や欧米と何も変わらない。

しかし実際そこに一歩、足を踏み入れると、とても現代的とは思えないところに遭遇して、違和感を覚える。高速鉄道は二〇一一年に追突脱線し、高架から落下する、という信じがたい事故があった。そんな重大事件でなくてもよい。もっと小規模な施設でも、日常的な買物でも、しばしば困惑させられる。中国を訪れたことがある人たちの共通する所感ではないだろうか。

写真1　中国高速鉄道の衝突脱線事故（浙江省温州市，事故翌日の2011年7月24日撮影）
写真：時事通信社.

外国人の訪れる大都市に限らない。あるいは、何も中国まで足を運ぶにも及ばない。違和感はごく身近に、いくらでも存在する。

たとえば「中国」という国名が、そもそもそうである。われわれはこれを一読のもと、「ちゅうごく」と読んで、意味もわかった気になる。しかし全く同じ文字を、当の中国人たちは「ちゅうごく」なんて読まない。“Zhongguo”《チュウングオ》と読むけれど、それを見ても聞いても、多くの日本人は理解不能である。

しかも「中国」とは、いったいどういう語義なのか。そう呼ぶのをあからさまに嫌う日本人もいるから、国名の意味するところが、人によってまちまちなことは確かである。その「中国」はまた、具体的に何を、どこを指しているのか。日中の人びとに聞いてみれば、みなが同じ答えをするとは、とうてい思えない。

しかり。見た目にとっつきやすく、わかりやすそうな中国は、ほんとうは謎《なぞ》の国である。「ロシアのほうがはるかにわかりやすい」といったのは、西洋史学の大家だった。しかしわれわれ中国を専門に学んでいる者にとっても、やはり中国は謎である。その謎がおもしろい。おもしろさが昂《こう》じて、うかつにも専門の職業としてしまった面もある。

言行不一致

もっとも、おもしろがってばかりはいられない。不可解、謎というのは不気味で、不安をかき立てるし、実害を被る時さえある。謎の中国をめぐっては、往々にして不愉快な事象もまぬかれない。

言行が一致しないことは、その一つ。いっていることとやっていることが著しく異なる、というわけで、なかんづく政府の言動がきわだっている。政治・権力というのは、多かれ少なかれ二枚舌の習性があるものだが、中国は格段に甚だしい。

日本人からみれば、自らに関わる尖閣《せんかく》など、領土問題もそうだし、相手のことなら、その内政じたいがそうである。「腐敗」が蔓延《まんえん》しながら、「法治」を呼号し、しかも言論を弾圧し

写真２　反日デモ（広東省深圳市，2005年４月17日）
写真：EPA＝時事.

写真３　「爆買い」ツアーの中国人観光客（東京・秋葉原，2015年２月26日）
写真：Imaginechina／アフロ.

ているのは、いかにも理解しがたい。

政府だけではない。全体についても同じ、やはり日本に対する態度が、典型的である。中国人の多くは「反日」だろうが、その同じ中国人が日本を好んで、大挙して「爆買《ばくが》い」にやってくる。どうにも不気味で、愉快な光景ではない。

もっともそれを極論して、全くのウソつき、と断じてしまうのは、いささか躊躇《ちゅうちょ》する。おそらく故意にウソをついているのではない。中国人じしんにとっては、むしろごく自然なふるまいなのだろう。われわれにそれがウソ、不自然に見えてしまうところに、謎の核心がある。

にもかかわらず、日本人は往々にして、自らの常識で中国をはかりがちである。欧米人とはちがって、近隣に暮らし、姿形も似ているし、同じ文字を使ってもいるからである。しかし言行が一致しないことが、中国の謎から来ているのだとすれば、それをウソつきと片づけてしまっては、単なる知的怠惰にすぎない。謎は謎として、向き合う必要がある。

「一つの中国」

では、その謎はどうやったら解けるのか。そんな問いに対する解答があるなら、筆者が真っ先に知りたいところである。自身はようやく謎が謎であることを認識したにすぎない。

そうはいっても、謎であるとわかったら、貧しい知見ながら、その解き方を模索することはできる。なぜ言行が一致しないのか、そんなふるまいと、それをみるこちら側の常識・見方とが、どうして食い違ってしまうのか。そうしたことを考えてみるのが、まず第一歩である。

「一つの中国」というフレーズがある。何度も見聞きしているために、さほど違和感は覚えない。けれどもよく考えてみると、わかったようなわからない概念である。さきに「中国」はどういう意味か、どこを指すのか、と述べたのも、たとえばここに関わっている。

あらためて気づくのは、わざわざ「一つ」という以上、一つではないかもしれない、ということである。果たして一つでないとすれば、なぜ「一つ」でなければならないのか。問いはじめると、疑問百出である。

実際に「一つ」でないとすれば、「中国」は「一つ」である、という中国政府の主張は、やはり現実とはかけ離れた言行不一致だといわざるをえない。しかし中国が現実として一つなら、「一つの中国」はことさら言い立てるに及ばない、あたりまえのことがらになってしまう。

やはり現実は決して「一つ」ではない、けれどもその現実は認めがたい、だからこそ「一つ」であらねばならないし、「一つ」だといわねばならぬ。これが中国側の主張であって、やはりそこには、日本人の容易にはかりしれない論理がはたらいている。

「論理」と歴史

こうした中国の論理、ひらたくいえば、理屈のこね方は注目に値する。そもそも理屈というのは、時と場合、ないしは立場によって千差万別、いろいろ変わっても不思議ではない。しかしそんな表に出る多様な理屈をこねまわす方法、あるいは主張を成り立たせる骨格には、身に染みついた一定のパターンがあって、たやすくは抜けない、変わらないものである。日本人には日本人の理屈のこね方があり、中国人には中国人のこね方があって、そこにこそ、まとまった集団の個性があろう。

だから個々の理屈、その字面はわかったような気がしても、理屈のこね方、論理に考えを及ぼすと、わからなくなってしまうことも少なくない。「一つの中国」は、その典型である。相手をほんとうに理解しようとするなら、そこまで考えなくてはならない。

だとすれば、中国の謎とは、その論理にある。なぜそう思考するのか、発言するのか、行動するのか。そこに通底しているはずの論理を考察してみようというのが、本書の試みである。

ただそうした考察も、方法は一つではない。目前の現状を注視してさぐることもできるし、過去の記録を読解してつきとめることもできる。近年は概して前者が盛んで、たくさんの類書もあれば、ウェブなどの情報提供もおびただしい。それに対し、後者はあまり振るわないようである。

そこで本書はあえて後者、いわば歴史からのアプローチを試みた。少なきを補うねらいもあるが、しかしいっそう重要なのは、このアプローチの有効性にある。

いわゆる理屈のこね方・論理のパターンは、一朝一夕にはできあがらない。時間をかけて身に染みついた、いわば歴史的な所産である。目前にあらわれる言動から観察するより、論理の形成過程にそって考えるほうが、中国の謎の理解にたどりつく捷径《しょうけい》になると信じる。

歴史は干からびた記録の堆積《たいせき》ではない。現在の眼で過去を見つめなおし、未来を考える営みである。過去は現在からしか見えないし、人類はそうするほか、未来を思い描くことができない。

そんな歴史の営みにも、日中の論理はやはり、はるかに異なるようだ。まずそこから説き起こすことにしよう。

中国の論理†目次

II　社会と政治……51

歴史認識／領土問題

図表作成／ケー・アイ・プランニング

中国の論理

歴史から解き明かす

I 史学

1　儒教とは何か

儒教の位置

儒教は中国で最も早くできた体系的な思想である。ということは、東アジアで最も古いことを意味し、そのあらゆる知の源泉にほかならない。インドから仏教が伝来流布《るふ》し、それが上下広汎《こうはん》にひろまり、政治にも勢力を有した時期・局面・地域を除いては、そういってまちがいあるまい。

われわれが「諸子百家《しょしひゃっか》」とよぶ、中国古来の数ある学術もそうである。最古の儒教・経書《けいしょ》を前提に、あるいは利用、あるいは批判することで、それぞれが発展をとげた。

まず孔子《こうし》の学派に対抗したのは墨子《ぼくし》、その墨子に対抗して、孟子《もうし》が出た。孟子の所説に疑問を投げかける形で、荀子《じゅんし》の学派が成立し、それがさらに、いっそう実践的な韓非子《かんぴし》らの

「法家《ほうか》」に発展してゆく。また、論理だけ煮詰めれば「名家《めいか》」、交渉術に特化すれば「縦横家《じゅうおうか》」といった塩梅《あんばい》、実務的なものに純化すれば、「農家《のうか》」にもなる。

このような成立・派生・発展の経緯からして、儒教も最古とはいえ、諸子百家に数えるのが、客観的には適切である。最も古いことは、最も流行し勢力があったことを必ずしも意味しない。当初は数ある思想学術の一つ、いわばワン・オヴ・ゼムにすぎなかった。

ところが儒教は、前漢《ぜんかん》時代に勢力をひろげ、ついに一種の国教にまでなる。諸子百家は以後ふるわず、儒教のみが栄え、二千年来ずっとそれが続いたため、ほかの学術思想と埋めがたい格差・隔絶ができてしまった。

四部

中国伝統の学問分類を「四部《しぶ》」という。旧中国のあらゆる書籍あるいは学術は、「経《けい》」「史《し》」「子《し》」「集《しゅう》」の四つに大別された。この四部分類、それだけみると、単に分けただけのようにもみえる。ただし、分けたそれぞれは、決して並列対等な関係ではなかった。上下の序列である。

そもそも「経」という漢字がそうであって、最も権威ある字面なのである。表面的な意味は、現代の一般日本人がいう「お経《きょう》」と変わるところはない。けれども重み・ニュアンスは、まるで異なる。

「経」は日本人の人名だと「つね」と読み、「経常《けいじょう》」という熟語もある。他方で「経典《けいてん》」という熟語もある。これも同義の漢字を重ねた連文である。「経」は「典」、つまり「のり」、あるべき「典範《モデル》」なのであり、しかも同時に「常」、永遠の生命をもつ。とすれば、これほど尊いものもないだろう。そこから変化を嫌う心情も、改革・変革は悪だという観念も生まれる。

この「経」すなわち経学とは、とりもなおさず儒教を意味する。それより二段下に位置した「子」がほかの諸子百家であり、下位の序列でしかない。したがってまったく尊重の対象ではなかった。

中国における歴史的な観念でいえば、諸子百家と儒教を同列に置くわれわれ普通のみかたは、非常識きわまりない。諸子百家などは学ばなくてもよい、二の次、三の次というランク付けであって、あくまで儒教が本位なのである。それがふたたび儒教と肩を並べるようになるには、二〇世紀を待たねばならなかったのである。

位置づけ

にもかかわらず、われわれはこうした事情を知らずに、中国といえば、多彩な思想があった、「諸子百家」だと騒ぎがちである。筆者もはじめはそう考えていた。一知半解というほかない。

逆にいえば、日本人はことほどさように、中国の儒教に近くなく、明るくないのである。少なくとも中国史の展開に骨がらみになっている主流の思想・理念には、まったく縁遠いといえよう。

しかも儒教は、その経典を通じて、漢字・漢文という文字・書記言語の運用と強固なむすびつきをもっているから、われわれも無意識のうちに、その影響を被っている。日常使う文字と縁遠い儒教とでは、その関係は確かに知覚しにくい。だが意識していないだけに、なおさら始末が悪い。

そこで「中国の論理」をたどろうというなら、何よりもまず、儒教的なものの考え方、その体系と特質を把握するところから、はじめなくてはならない。それがさしあたって、最も重要だろう。

そうはいっても、以下、思想哲学の学習・研究をするわけではない。何か深奥な教義をさぐろうというのではない。儒教は学術・教理なので、難解な語彙《ごい》や理論がいくらでも出てくるし、それをどこまでも穿鑿《せんさく》することもできる。けれどもここで、そんなことを試みる暇《いとま》はない。むしろそのアウトラインとエッセンスを把握することが、一般の日本人にとっては先決である。それをさしおいて、細かい術語概念を個別に調べてみても始まらない。いよいよ調べて、いよいよわからなくなるだけである。

非宗教としての儒教

儒教にいつもつきまとう疑問は、「教」とつく名称から、それが宗教であるかどうかである。肯定的な意見もあれば否定的な見解もあり、実情としては、よくわからない、というほかはない。

ただ、儒教は神のような存在を欠落させている。いわゆる世界宗教＝「普遍」とみなす立場からみれば、宗教・信仰・帰依《きえ》などとはいいがたい。筆者も否定的に傾いている。宗教というよりは、学術あるいは教理といったほうが、よりふさわしい。

といっても、それも宗教や学術ということばの意味内容に左右される。そんな定義や議論は、さしあたりここでは問題にならない。ともかく、宗教かどうか判別しづらい儒教の具体的な特徴は、知っておく必要がある。

近現代のあらゆる教理・学術は、もともと呪術《じゅじゅつ》的・神秘的・宗教的な文章・儀礼をいわば世俗化、合理化して、人間世界にひきもどしたものにほかならない。原始儒教もおそらくそうだったのであろう。孔子が「怪力乱神《かいりょくらんしん》を語らず」というとおりである。人間社会の現実に即していたのが、儒教最大の特徴にほかならない。

その意味で、二千五百年も前にできた儒教は、その教義をみるかぎり、現在のわれわれでも驚くほど、奇怪・意外なところの少ないものであり、ここに特徴もあれば、問題もある。儒教にはおよそ超越的なところがない。極端には走らない「中庸《ちゅうよう》」が、その最大の徳目である。ほどほどが最善だというわけである。

比較をしてみると、わかりやすい。神秘主義の強いところでないと、徹底した合理主義は育たないものだ。キリスト教は神と悪魔の二元論であり、対極にものをみる、また神秘・奇《き》蹟《せき》を強く信じるがゆえに、現実・常識にも強い疑いの感覚をともなう。あたりまえを疑うことこそ、科学の第一歩にほかならない。

儒教は中庸を尊び、神秘は論外。合理的なのがあたりまえであるから、それ以上の合理主義が育たない。現実の追究は一定の程度までくれば、常識的な教義に還元できるから、その理論で納得できれば、それ以上の好奇心・探究心がわかない。つきつめた分析も放棄してしまう。

現実・常識に対する疑いが薄いので、それが逆に、常識的な教義に対する思い入れ、固執を激しくする。さらにはその教義じたいを、かえって転変たえない現実から遊離させてしまう。まさに逆説的な現象といってよい。

まずはその常識的なところから、具体的にみていこう。

その理念

儒教の立場は、自分本位である。自分という存在をまず尊重し、そのうえで、他人との関係におよぶ。私が優先し、しかるのち公に尽くす。儒教の経典『大学《だいがく》』にいう「修身《しゅうしん》・斉《せい》家《か》・治国《ちこく》・平天下《へいてんか》」という有名なフレーズからも、そのコンセプトはよくわかるだろう。「天下」よりも、まずわが「身」なのである。

これまた人情からして、ごく常識的な教理である。人間も生物である以上、まず自身の生存のことを考える。他人のこと、人とのつきあいは、それからである。「衣食足りて礼節を知る」。自分の衣食も乏しいのに、他人への礼節などかまっていられない、というのは、あたりまえといえば、あたりまえである。

そして自分を優先するというところから、自尊と謙譲の精神が出てくる。相手に対する謙譲とは、自己の尊重を裏返したものにほかならない。自尊・自信のない謙譲は、単なる卑屈、隷従である。

そうした心の動きを可視化した所作として、礼儀がある。たとえば、相手に敬意を示すには、高いところからへり下る。頭を下げる、おじぎをする、などの行為は、その典型であって、まず自分が高いのが、前提なのである。

こういう礼儀作法では、バランスが大事である。足らなければ、失礼以外の何ものでもないし、やり過ぎては、慇懃《いんぎん》無礼《ぶれい》で鼻につく。過ぎたるは猶《な》ほ及ばざるがごとし。そんなバランス・均衡のとれた状態を「中庸」と表現する。

だから「中庸」が尊いのであって、「中」が至上、最も大事、いちばんの美徳、という観念も生まれた。最高頂点の場所とは、したがって「中国」にほかならない。

以上は現代日本のわれわれ一般の人間関係でも、ごく普通に、十分に納得できるし、また日常実践していることでもある。しかしながら、それをひとつの体系的な思想・教義・規範にしたてあげ、さらに絶対化したところに、日本人の理解をこえた部分がある。

儒教と諸子

自尊・自分本位というのは、自己中心主義と紙一重である。わがまま・独善に陥り、私利私欲の肯定・放置にもつながりかねない。こうした事情は、諸子百家で儒教と鋭く対立した墨子の教理をみれば、いっそう意義がよくわかる。

儒教は要するに自己中心的、利己的であるから、社会全体にとって害悪になりかねない。これが墨子の立場であり、批判である。そんな自尊優先に反撥《はんぱつ》して、墨子はまずは自己以上に他人のことを考え、他人に奉仕する献身、「兼愛」「無私」をとなえた。こうした姿勢が魅力的に映って、実践したくなるのは、ボランティアが称《たた》えられる現代社会でも同じだろう。

しかしあまりに「無私」、献身が過ぎては、他人はよくても、自分が壊れてしまう。そこで孟子が時代に合わせて、儒教を復興した。けれども墨子に反撥し、教理を洗煉《せんれん》するに急で、旧来の陥穽《かんせい》を自覚したうえで、矯正しようとしたようには思えない。その「性善説《せいぜんせつ》」はよくまとまった理論ではあるものの、やはりまず自己を重んじる理念が、その前提・中核をなしている。

そこで今度は、儒教の利己・恣意《しい》に歯止めをかける動きが、儒教のなかから生じてきた。それが礼の中庸をモデルとする規範性・強制機能を活用しようとした荀子である。荀子は孟子ほど、人間の自律自浄能力を信用しなかった。いわゆる「性悪説《せいあくせつ》」であり、外からの規範・教育・強制でその悪性を矯《た》めようとしたわけである。

礼《のり》はモデル・規範であるので、その点で法《のり》とあい通ずる。経典・規範の規制力・強制力を刑罰で高めたものが法律・法典であり、ここに重点をおけば、儒家は法家に転化する。荀子の一門から法家の韓非子・李斯《りし》が出たのも、宜《むべ》なるかな、である。

儒教の制覇

現実に地位・能力・関係がまったく対等平等な人間など、古今東西、存在しない。また「情けは人のためならず」、まったく自分をかえりみない人間も、やはり現実にはありえまい。そうした常識的な現実から出発し即応して、人間関係を円滑ならしめるべく、理念と実践を磨いたのが儒教である。

まずは自分を中心に、外界すべてを上下の関係で整序するというのが、そのコンセプトの基軸をなす。それを目に見えるように表現するパフォーマンスを定式化したのが、礼制であった。だから儒教の観念と行動に、対等平等は存在しにくい。

しかも儒教思想に顕著なのは、暴力・武力に対する蔑視《べっし》であった。これも自己中心の上下関係の円滑化・安定化と関わっている。人間の腕力は人によってまちまち、また同じ人物でも、年齢によって強かったり弱かったりで、とにかくうつろいやすく、わかりにくい。そんな強弱で上下の関係がいちいち変わっては、秩序は永続せず、不安定になってしまう。

儒教がもとになって諸子百家が生じ、儒教にいっそう磨きをかけつつも、多様な思想の共存状態になった。春秋《しゅんじゅう》戦国とはそんな時代であり、社会である。儒教を生み出した場は、儒教だけでは用を足せなかったわけである。

国々がひしめき並立している時代、個々人が自由にふるまって実力で競合する社会に、対等平等の観念と作法がなくては都合がわるいし、また力の行使を認めない思想原理では、ものの役に立たない。儒教がそうした時代・社会で、唯一無二の普遍的な価値基準と行動様式になることは難しかった。逆に平和な秩序が求められる時代・社会には、かえって安定した現実を反映し、表現する上下の整序がふさわしい。

儒教が春秋戦国時代には、必ずしも適合普及せず、一学派にとどまらざるをえなかったのも、皇帝が統一し、秩序を必要とした漢代、ようやく優勢になって根を下ろしたのも、そうした事情がはたらいている。

そしてそれ以降は、行動上の規範意識のみならず、記録上の文章表現においても、その根拠・典故を経書にもとめた。したがって、言語・漢字そのものの運用すら、平等対等の含意が希薄となってしまったのである。

2 史学の起源

史学の位置

すでに紹介したとおり、四部分類「経」「史」「子」「集」の筆頭は経学。儒教の経書テキストの読み方を追究し、ひいては教義・真理のありかを考究する学術である。国教的な地位の儒教そのものを学ぶ経学が枢要なのは当然、わかりやすい。ひとつの学が「部」まるまる一つ与えられて最上位にいるのは、それだけ重んぜられ、不可欠だとみなされ、また実際に最も多くの人が、研究に従事したからである。

それに対し、第三にくる「子部」、第四の「集部」は、何か一つのまとまった学ではない。「子部」は儒教以外の諸子百家で、いわば集合名詞である。語感としては、その他おおぜい、ミセラーネ、に近い。「集部」はさらにそのほかの書籍をいうものだから、文字どおりの寄せ「集」め、雑多といった感がいっそう強いカテゴリーとなる。現在でいう医学や工学など、理数系の理論・技能に関わるもの、あるいは実地の作業マニュアルなどは、すべてこの分類に押し込まれる。

だから重要度も、そうした感覚に応じた程度にすぎない。下位に置かれた「子部」「集部」は、エリート知識人の必須《ひっす》の学ではなかった。こうした四部の序列が学術思想上、重要性の埋めがたい格差をそのままあらわしている。

そうすると問題になるのは、第二に位置する「史」、史学・歴史である。歴史は儒教のように、源を諸子百家に発するものではない。百家争鳴の春秋時代に、「史学」という学問分野は存在しなかった。それができたのは、ずっと後になってからである。

「史」は儒教でもなく、諸子ですらない。にもかかわらず、諸子と異なって、儒教と同じく単一の学として独立し、「子」部をしのぎ、「経」学につぐ第二位にあるわけである。では、なぜ史学、歴史がそんな重要な位置にあるのか。そもそも史学とは何なのか。そこに中国の特徴をみいだすことも可能である。

経学と史学

歴史ということばは、指す対象が茫漠《ぼうばく》としていて、やや紛らわしい。いつ・どこを対象にしてもそう呼んでよいし、出来事もそれを記す書物も、そのことを考える行為も、すべて指しうる。ここでひとまず問題にしているのは、中国における後二者なので、さしあたり便宜上、出来事のことを「史実」、書物を「史書」、学術のことを「史学」と呼んでおきたい。

『春秋《しゅんじゅう》』という儒教の経書がある。これは中国の古代、山東《さんとう》省にあった魯《ろ》という国の年代記である。魯を母国とする孔子が編纂《へんさん》したというので、経典の一つになった書物であって、ここから歴史的な要素が、儒教に色濃く混入した。のちには「六経皆史《りくけいかいし》」、儒教の経典はすべて歴史である、という言説さえでてくる。

つまり儒教は、いまでいう歴史の観念・記述をはじめから内包してできあがったものであり、そうした特質が儒教の繁栄を約束した、という所説もあるくらいである。しかし儒教はあくまで儒教、歴史ではない。『春秋』もそのオリジナルな述作意図はともかく、伝わったのはあくまで経書としてであって、史書ではない。ランクも四部の第一と第二。その意味で、差別は厳然としてある。

儒教・経学の祖が孔子なら、史学の祖は司馬遷《しばせん》。前漢の武帝《ぶてい》代、西暦でいえば紀元前二世紀から前一世紀の人であり、かれが悠久の上代から、同時代にいたるまでをまとめた通史・『史記《しき》』が史学の起源、「史書」の嚆矢《こうし》である。

だから史書・史学ができたのは、諸子百家よりはるかに遅い。『史記』という書物が出現する以前には、存在しなかった。

この『史記』を筆頭に以後、おおむね王朝ごとに編纂された「廿四史《にじゅうしし》」を「正史《せいし》」といい、史書全体の中核・脊梁《せきりょう》をなす。それは紀元前三世紀の漢から始まって、一七世紀の明《みん》にいたるまで、都合二千年間をカヴァーしている。『史記』はそれ以前の歴史も記すし、「正史」に準じた清《しん》に関わる史書もあるから、これをふくめれば、中国の歴史過程すべてに記録がそなわっている、といっても過言ではない。

では、何が史書と経書で異なるのか。なぜ史書・史学が経学と並んで発展したのか。どうして、より古い諸子の上位にあって、経学の下位に位置するのか。

『春秋』と『史記』

史学・史書を知るには、その出発点となった『史記』という書物を知らねばならぬ。ところが『史記』には、謎が多い。中国の歴史を学ぶものは、まずこれを繙《ひもと》くけれども、何も知らずに嚙《か》みついても、何をどう読めばよいのか、さっぱりわからない、というのが正直なところ。

それだけに先学諸賢が長らく研究に従事し、その謎を解き明かしてくれている。その高説にしたがい、いくつかその特徴をあげてみよう。

時代の呼称	王朝名（網かけは正統）			西暦
三代	夏			B.C.1600
	殷			B.C.1000
	周（西周）			
春秋	秦		東周	
戦国	秦	六国	東周	B.C.221
漢				B.C.202
	前漢（西漢）			9
	新			25
	後漢（東漢）			220
三国六朝	呉	蜀	魏	221
	呉	晋（西晋）		265
	五胡十六国		晋（東晋）	317
	北魏		劉宋	
	北魏		南斉	
	西魏	東魏	梁	
	北周	北斉	陳	
	隋			589
唐	唐			618
五代	契丹	十国	後梁	907
	契丹	十国	後唐	
	契丹	十国	後晋	
	契丹	十国	後漢	
	契丹	十国	後周	960
宋	契丹	北宋		1125
	金	北宋		1127
	金		南宋	1213
	蒙古		南宋	1276
元	大元国			1368
明	北元	明		1616
	後金	明		1636
	清	明		1644
清	清			1912
中華民国	袁世凱政権			1916
	北京政府			1927
	満洲国	国民政府		1931
	満洲国	汪兆銘政権	国民政府	1945
中華人民共和国	中華民国	中華人民共和国		1949

図表1　中国の王朝表

『史記』を作った司馬遷、その自叙伝が『史記』の掉尾《ちょうび》を飾る「太史公自序《たいしこうじじょ》」という文章であり、そこに書物じたいの縁起と内容紹介が記してある。

そのなかにこんなフレーズがある。「むかし孔子は何のために『春秋』を作ったのか」という問いに対する答え。

董生曰《とうせいいいは》く「……孔子、言の用ゐられず、道の行はれざるを知るや、二百四十二年の中を是非し、以《もっ》て天下の儀表と為《な》す。天子を貶《おと》し、諸侯《しょこう》を退け、大夫《たいふ》を討ち、以て王事を達するのみ」と。子曰く「我れ之《これ》を空言に載せんと欲するも、之を行事に見《あらは》すの深切著明なるにしかず」と。

司馬遷本人ではなく、同時代の儒学者・董仲舒《とうちゅうじょ》と孔子のことばを引いた形になっているけれども、かれが伝えたい内容であることにはかわりない。

趣旨はさきほどもとりあげた『春秋』という経書の位置づけである。魯という国の年代記という体裁をとる『春秋』をなぜ孔子が作ったのか、といえば、二百四十二年間の事実を記して「天子」「諸侯」の行状の是非、善悪を論評し、自らの正義・理想を明らかにしようとした、というわけである。

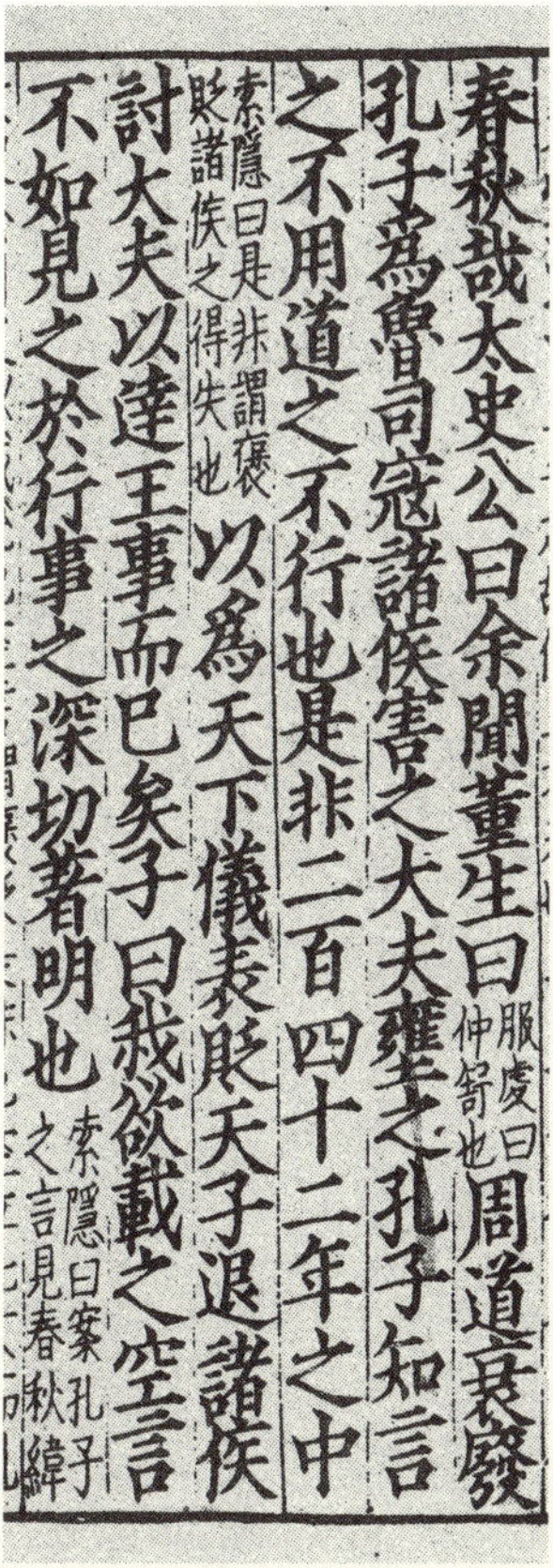

春秋哉太史公曰余聞董生曰服虔曰仲舒也周道衰廢
孔子爲魯司寇諸侯害之大夫壅之孔子知言
之不用道之不行也是非二百四十二年之中
索隱曰是非謂褒貶諸侯之得失也以爲天下儀表貶天子退諸侯
討大夫以達王事而已矣子曰我欲載之空言
不如見之於行事之深切著明也索隱曰案孔子之言見春秋緯

写真4　百衲本『史記』太史公自序

『春秋』はその点、やはり経書である。孔子の理念を明らかにしようとした書物だからである。ただそこに記載することは、実際にあった史実である。過去の事実を記す、という点では、まぎれもない歴史であって、そこで史学と経学が一致する。

そんな『春秋』のねらいを、やはり『史記』も有していた。少なくとも司馬遷は、そのつもりで『史記』を編んだのであって、このくだりはやはり、その存在意義《レゾン・デートル》の表明である。だとすれば、後につづく史書ないし史学全体の存在意義をも、兼ねていいあらわしうる。

「空言」と「行事」という対比は、抽象的な理論・教義をそのまま説くよりも、具体的な事実・行状で示したほうが、その内容はよくわかる、という意。以て、史学の役割、経学との役割分担をみてとることができよう。

『史記』の圧巻といえば、多彩な人物像を描いた「列伝《れつでん》」の数々。その劈頭《へきとう》に位置して、「列伝」全体の総論をなすのが、「伯夷《はくい》列伝第一」である。

伯夷は伝説上の人物である。ある小国の君主の嗣子《しし》でありながら、父の意を汲《く》んで、その地位を弟に譲って出奔、その道中、殷周《いんしゅう》革命に際会し、殷の紂王《ちゅうおう》を武力で討伐しようとする周の武王《ぶおう》を諫止《かんし》しようとして容《い》れられず、革命成った周の粟《ぞく》を食《は》むを恥じて、餓死したという。

そんな伯夷の生涯を語った司馬遷の問いかけは、「天道は是か非か」である。ここは引かねばなるまい。

「天道は是か非か」

天道はつねに善人の味方で、公平だという。伯夷・叔斉《しゅくせい》は善人とはいえないのか。これほど仁徳を重ね潔白に生きてすら、末路は餓死。孔子の数ある弟子のなかで、ひとり好学とたたえられた顔淵《がんえん》は、満足な食事すらできないほど困窮して夭逝《ようせい》した。天はほんとうに善人に報いているのか。盗跖《とうせき》は日々いわれなき殺人をくりかえし、暴行残虐をほしいまま、徒党数千人で天下に横行しながら、天寿を全うした。どんな人徳があったというのだろう。これでは、天道は是なのか非なのか、わたしにはわからない。

伯夷はまちがいなく「善人」だった。いかなる地位や権力のある相手にあっても、信念を枉《ま》げず、文字どおりそれに殉じた人物である。それを救わなかった「天道」。社会に害悪を流した盗賊に天寿を与える「天道」。そんな天の意思は、「是」であろうと「非」であろうと、どうにもならない。それこそ天命である。

しかし、伯夷たちの生きざまは、滅却されてはならぬ。たとえ生命に限りはあっても、事《じ》蹟《せき》は不滅である。司馬遷の心中に去来したのは、そうした思いである。

伯夷にせよ、顔淵にせよ、はたまた盗跖にせよ、当時の著名人だった。名が著われてこそ、後世に伝わる。けれども、そんな人ばかりではない。

行状不良、禁忌を犯すばかりでありながら、安楽のなかに生涯を終え、何代も富貴の続く輩《やから》がいると思えば、立場をわきまえ、言わねばならぬ時のみ発言し、正道を歩んで、公正に憤りを発しながら、それでも災禍《さいか》に遭《あ》う者は数え切れない。

人知れず、そうした人々がいる。とりわけ嘉言《かげん》善行がしかり、いかにすばらしい人士であろうと、記録に残らねば、忘却されてしまう。その事蹟・仁徳は泯滅《びんめつ》して、誰にも知られなくなる。なればこそ、史実を記録しなくてはならない。伯夷も顔淵も、孔子に称揚されたからこそ、後世の模範たりえたのである。

『司馬遷はそんな記録と叙述の責務を自らに課した。『春秋』のねらいを継ぐとした『史記』の立場は、これでいよいよ明らかになる。

抽象と具象、イデオロギーとパフォーマンス

こうしてみてくると、史学とはたんに過去の出来事を書き残すだけの作業ではない。もちろん具体的な事実の記録叙述、それが史書の内容ではある。そのことにまちがいはない。ただし、そうした記録あるいは叙述を残し、伝える価値を定め、選択をおこなう基準は、あらかじめ決まっていた。それは孔子のイデオロギーであり、そのイデオロギーを支持する司馬遷の価値判断である。

したがって、儒教が確乎《かっこ》たる地位を築いた武帝代に、史学が発足したのは、決して偶然ではない。そして儒教が連綿と勢力を伸ばし、保つのと並行して、史学も発展、定着していった。ごく自然ななりゆきである。

経書が説くべきは、抽象的な理論・教義・イデオロギーである。そうした前提条件に応じて、記すに値する歴史事実・人間行為だけを選び、記してできあがったのが史書、それを作る営みが、史学にほかならない。抽象的理論的な教義を考究、実践する経学の具象ヴァージョンだということになる。

史書の記す史実・人為は、したがって無色透明、中立な事実ではない。思惑・主観が混入している。もちろんそのこと自体は、いま現在の歴史学であってもまぬかれない。なればこそE・H・カー（一八九二〜一九八二）も、歴史を研究するには、まず歴史家を研究せよ、というわけである。

それでも近代歴史学は、客観性と中立性を尊重する前提と原則があるのに対し、中国の史書はそうはいかない。むしろ教義のためには、客観的な事実かどうかは二の次、記述をことさら改めることが少なからず見られる。

「天道が是か非か」と歎《なげ》いた司馬遷の意見そのものには、共鳴を覚える向きが多いだろう。筆者も同じ、決してそれに反対なわけではない。しかも近代的な歴史という概念、およびその研究方法がまだ確立していなかった時代である。その立場から司馬遷や『史記』を一方的に批判しても、ほとんど意味はない。

しかし今日のわれわれの立場からして、以後の史書がすべて、『史記』そのままの体裁、司馬遷そのままの筆法でよかったのか、あるいは今後もそれでよいのか、という観点はあってよい。いな、大いになくてはならぬ。

3 史学の枠組

史学の発達

伯夷など、どう見ても実在しない架空の人物としか思えない。フィクション・作り話だが、はじめて史書を編んだ司馬遷には、厳密な史実の定義や史学の手続などなかったわけだから、やむをえない部分がある。またその時代は、それでもよかった。

しかし『史記』がすでに共有財産として存在し、また過去の記録もふえ、史実に関する感覚も鋭敏になれば、史書・史学も純化してくる。フィクションを排除し、過去の具体的な事実を尊重し、克明に記録するのが歴史の学だとすれば、それを世界のなかで最も早くはじめ、しかも間断なくつづけてきた文明は、ほかならぬ中国だと断言してよい。それだけに史学の研究法も発達し、現代日本のわれわれからみても、違和感のないものが少なくない。

たとえば、史料批判である。史書の嚆矢たる『史記』などは、物語なのか事実なのか、文学なのか歴史なのか、判別しがたい叙述も少なくない。ところが、叙述の精度は次第に上がっていった。千年下った北宋《ほくそう》時代ともなれば、史実の精確さを担保する方法が、明らかに確立している。そんな時代の代表的な史書としては、『資治通鑑《しじつがん》』をあげるのがやはり適切だろう。

『資治通鑑』は戦国時代の紀元前四〇三年から、北宋建国の直前九六〇年までの、およそ一千三百年間の編年史・通史である。通史という点では『史記』と同じながら、その書き方はずいぶん異なっている。

厖大《ぼうだい》な史料・記録を集め、その内容を比較対照、批判検証して、最も確かなものを採用し、ほかは捨てて顧みない。疑義・異論の残りそうなものは「考異《こうい》」として、なぜしかじかの史料を採用して、そのような叙述にしたのか、その検討判断のプロセスを論じる。一例だけ覗《のぞ》いてみよう。

一〇世紀のはじめ、唐《とう》の朝廷をしのぐ権勢を有し、のちに手づから唐を滅ぼす朱全忠《しゅぜんちゅう》は、宮中に乗りこんで、天子の側近で軍事力を掌握していた宦官《かんがん》を皆殺しにした。写真5をご覧いただきたい。『資治通鑑』はこれを天復《てんふく》三年正月庚午《こうご》（二十八日）、西暦でいえば、九〇三年二月二八日にあった事件だとする。

こうした日付を確定するため、『旧唐書《くとうじょ》』本紀《ほんぎ》・『編遺録《へんいろく》』の「辛未《しんび》（二十九日）」という異説をあげ、ほかの史料の多くが「庚午」「己巳《きし》翌日」とするところから、「庚午（二十八日）」だと断定した。その考証過程を具体的に記したのが、割注に細かい字で組む「考異」の記述である。

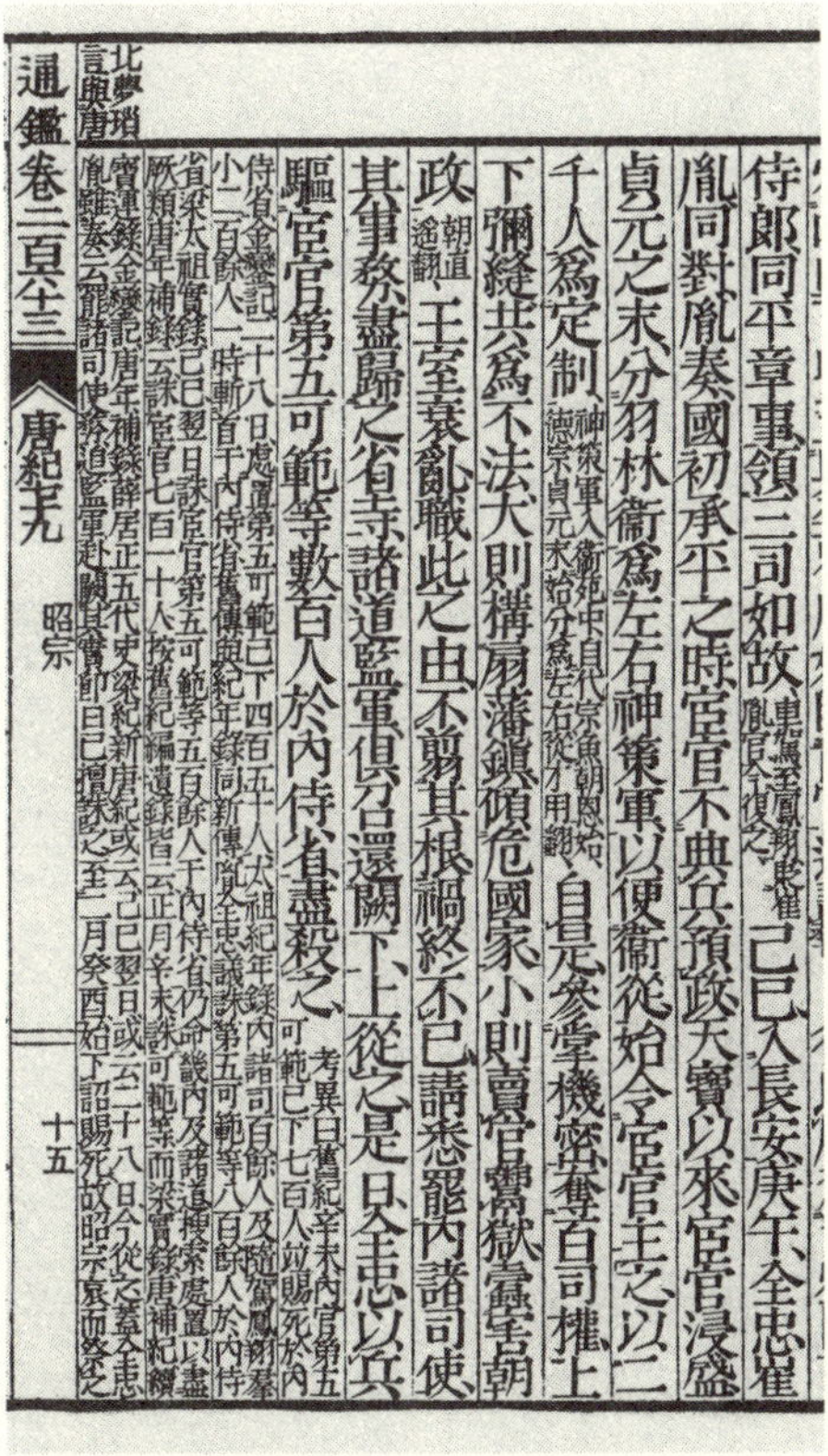
北夢瑣言與唐
侍郎同平章事領三司如故鳳翔罷崔胤官今復之己巳入長安庚午全忠崔
胤同對胤奏國初承平之時宦官不典兵預政天寶以來宦官浸盛
貞元之末分羽林衛為左右神策軍以便衛從始令宦官主之以二
千人為定制神策軍入衛死中自代宗魚朝恩始德宗貞元末始分為左右從才用翻自是參掌機密奪百司權上
下彌縫共為不法大則構扇藩鎮傾危國家小則賣官鬻獄蠹害朝
政朝直遙翻王室衰亂職此之由不翦其根禍終不已請悉罷內諸司使
其事務盡歸之省寺諸道監軍俱召還闕下上從之是日全忠以兵
驅宦官第五可範等數百人於內侍省盡殺之考異曰舊紀辛未內官第五可範已下七百人並賜死於內
侍省金鑾記二十八日誅宦官第五可範已下四百五十人太祖紀年錄內諸司百餘人及隨駕鳳翔羣
小二百餘人一時斬首于內侍省舊傳與紀年錄同新傳說全忠議誅第五可範等八百餘人於內侍
省梁太祖實錄己巳翌日誅宦官第五可範等五百餘人于內侍省仍命畿內及諸道搜索處置以盡
厥類唐年補錄云誅宦官七百二十人按舊紀編遺錄皆云正月辛未誅可範等而梁實錄唐補紀續
寶運錄金鑾記唐年補錄薛居正五代史梁紀新唐紀或云己巳翌日或云二十八日今從之蓋全忠
胤雖奏云罷諸司使務追監軍赴闕其實即日已擒誅之至二月癸酉始下詔賜死故昭宗哀而答之
通鑑卷二百六十三　唐紀七十九　昭宗　十五

写真５　『資治通鑑』山名本（和刻本）

『資治通鑑』はそんな厳密な作業をへて、できた著述なのである。中国屈指の史書たること、もとより今昔かわらず、中国を知り、中国史を学ぶ者の必読書にほかならない。

実証主義

そうした史学の方法は、一八世紀に最盛期を迎える清代の考証学で、最高潮に達した。考証学というのは、古典に関わるあらゆる資料をあつめて、そのテキストの真偽を確かめ、記述の真意を追究する、という実証主義に徹した学問方法である。

実証の手続の厳密・結果の精度は、近代的な学問にまったくひけをとらない。そんな考証は経学で最もさかんだったけれども、史学もおさおさ劣らなかった。

当時は「実事求是《じつじきゅうぜ》」が、金科玉条だった。いまでも漢語で実証主義をいいあらわす場合、必ずといっていいほど使う四字熟語である。当時の史学は、現代の歴史学の研究と比べても、史料批判というその根幹部分において、まったく遜色《そんしょく》がない。

もっとも、克明に史実を考証し、因果関係を追跡するのは、それ自体が最終目的ではなかった。史実をありのままに示せば、曲直が自然にあらわれるから、そうしたまでのことである。しかも事実なら、何でも明らかにすればよいわけではない。

たとえば『資治通鑑』なら、これは題名のとおり、ときの皇帝天子に捧《ささ》げて、政治の参考に供する、という崇高な目的をもっていた。そのためには、しかるべき君臣関係を明らかにしなくてはならない。それをまっすぐめざした史書である。「考異」の考証もしたがって、その目的のために存在した。

だから史書の記す題目や範囲は、われわれの観点からみれば、極度に限定され、ほぼ政治史というにすぎない。体裁・用語なども一切、そうした関心に即したものになっている。要するに、歴史叙述の目的とは儒教理念を精確に表現するにあって、史実考証とはそれを支える手段にほかならない。

そこに神話・仮構・ドグマ・イデオロギーのたぐいが混入すれば、それが実証の手続をへて、逆にリアルな実在だと信じられて、疑いをさしはさむ余地がなくなることにもなりかねない。

一一世紀の『資治通鑑』はその一典型だが、一八世紀の考証史学にいたっても、大きな変化はなかった。「実事に是を求める」その「是」とは、あらかじめ決まった儒教理念であって、それを絶対的な前提にして、はじめて実証がありえたのである。

こう考えてくると、ひとまず経学とは別に一「部」を占めた史学は、やはり本源的には、前者と表裏一体の存在だったことがわかる。なればこそ、儒教・経学とともに栄えることができた。史学という学問分野は、中国伝統の学術体系では、独立自立した学になりきっていない。この点を忘れてはならないだろう。

史実と評価

だからそんな歴史叙述には、「評価」がついて離れない。歴代の史書は史実を述べる前後に、多く「論賛《ろんさん》」という編者のコメントがつく。これも『史記』以来の伝統であり、史書編纂の理念・目的をよくあらわすものになっている。

やや極端な例をあげれば、欧陽脩《おうようしゅう》（一〇〇七〜七二）の『五代史記《ごだいしき》』は、その「論賛」が感慨に満ちた評論で、必ず「嗚呼《ああ》」という歎声《たんせい》で始まるため、「嗚呼史」という別名まであるくらい。そのさわりをみてみよう。

嗚呼《ああ》。五代は乱が極まった時代、……臣下はその君主を、子はその父を弑殺《しいさつ》していたのに、エリート紳士たちはそんな王朝政権につかえ、その俸禄に安穏としている。それで充足してもはや廉恥《れんち》のかけらもないのは、いたるところみな同じだ。

「五代」というのは、西暦九〇七年から九六〇年、およそ半世紀の間に、五つの王朝が興亡し、各地に割拠政権が分立した乱世であり、上下の分に厳しい儒教倫理は、この時まったく地に堕《お》ちたことを歎いているわけである。そこでそうした世相に典型的な、あるいは逆行する人々・事件をとりあげた。

欧陽脩がいいたいのは、必ずしも史実そのものではない。時代とあるべきドグマとの関係なのである。後者はかれの中であらかじめ決まっており、史実はやはりそれを主張展開するための材料・手段にすぎない。

「実事求是」の臨界

「実事に是を求める」とは、こういうことなのであって、この間の事情は、ほぼ同時代の『資治通鑑』も、まったく同じである。史実を示すだけでは不十分だと判断したところは、編者の司馬光《しばこう》（一〇一九〜八六）自ら論評を加えた。これがいわば「論賛」にあたる。上でみたのと同じ箇所でいえば、長大な宦官論があって、それに相当する。

東漢《とうかん》が衰亡したのは、宦官が驕慢《きょうまん》専横だったから。これは有名だが、それでも君主の権力をかさにきて、天下を乱しただけである。唐代のように、天子を脅迫して子供あつかい、廃立も意のまま、天子に虎狼《ころう》・毒蛇のように怖れられたことは、かつてなかった。漢代は宦官が兵権を握らなかったのに対し、唐代は掌握したからである。

宦官というのは、宮中で天子の召使いにあたる去勢された官僚のこと。天子の家庭たる宮中には、厳重なセックス・コントロールが必要なため、成人男性は天子しかいない。勤務するのは女官か、男性ならざる宦官である。後者はつねに最高権力者の側近にいるので、古来その専横が問題となってきた。唐もその例に漏れず、宦官が天子をさしはさみ、政治を動かし、そのために宦官皆殺し事件もおこったわけである。先代の唐の末路こそ、宋人たる司馬光らの戒めとするところだった。

側近と軍事の関係という政治世界の本質をつく洞察は、さすがである。その形勢が八世紀の「玄宗《げんそう》に始まり」、この一〇世紀「昭宗《しょうそう》のときで極まった」とみて、一朝一夕に起こったものでないという喝破も、歴史家ならではのもの。

われわれ日本人なら、それでは、宦官というしきたり自体をやめてしまえばよいではないか、と思ってしまう。しかしそんな発想には、決してならない。続きを読もう。

宦官というのは古《いにしえ》の聖王の御代から存在し、詩・礼といった経書にも記してある。閨《けい》室《しつ》の禁を厳格にし、宮中・府中の連絡を通じる役割をになうもので、なくてはならぬものだ。……もし罪を犯したなら、仮借なく微罪は処罰、大罪は処刑すればよい。それで敢《あ》えて専横する者などいなくなる。にもかかわらず、善悪是非をより分けず、一網打尽に捕らえて殺してしまっては、乱のおこらぬはずはあるまい。だから前には、袁紹《えんしょう》がやって董卓《とうたく》が漢を弱め、後には、崔胤《さいいん》が倣って朱全忠が唐を簒《うば》う結果になった。一時の憤懣《ふんまん》は晴らせても、それで王朝が亡ぶ。たとえれば、衣服の汚れを憎んで衣服ごと焚《た》き、木喰《きく》い虫の害を恐れて木ごと伐《き》ってしまうようなもので、その弊はいっそう多くなるではないか。

引用にもいうように、宦官は経書に明記する制度であるから、儒教イデオロギーの是認するところ。それを廃するなど以てのほか。「是」の外にあって、正人君子には思いも寄らない。いかにも経書の教義に通じない輩の考えそうなことなのである。

それがいわば「実事求是」の臨界にもあたる。何を実証して、その成果をどう生かすか。そこで「是」を求めているかどうか。教義を知る人と知らない人が、そこで截然《せつぜん》と分かたれることも、あわせ注意しておきたい。

4　史書のスタイル

正史とは何か

『史記』にはじまって『明史《みんし》』におわる中国の代表的な史書を「正史」という。数えて二十四あるので「廿四史」ともいい、うち「唐書《とうじょ》」と「五代史《ごだいし》」は新・旧二つあるので、それぞれ合わせて一つに数えて、「廿二史」と称する場合もある。いずれにせよ、指している実体は、すべて同じである。

なぜ「正史」というか。「正しい」からである。ただし、書いてあることが、ではない。認識基準が、である。そこをはきちがえてはならない。

もちろん書かれるべき史実の正確さは重大であり、それを担保するために多くの労力が費やされることは、すでに述べたとおりである。しかし記述の真偽は、認識の正誤に必ずしも直結しない。たとえ史実どおりに書いてあっても、認識に合致しないことがある。その場合、認識は「正しい」基準であるので、変えるわけにはいかない。記述の表現のほうを改めるのが通例である。

すでにみたとおり、漢代に成立した中国の史学・史書には、一定の役割がある。儒教ドグマの闡明《せんめい》であり、そのドグマはすでに政権の統治と不可分だった。すなわち政府政権の存在理由の正当性を、具体的な事実に拠《よ》って説明するのが、史学の役割だということになる。だから中国の史書に、客観的な複数の史観という観念はなじまない。唯一の「正しい」認識があくまで前提になる。

そうした教理・認識からみて、「正しい」方法・筋道にしたがった政権授受の経過・系譜を「正統」という。この「正統」を記録し後世に伝えるのが、史書の目的であり、すべてに優先する。その目的にかなった叙述表現を工夫せねばならない。

そうした条件・基準を満たした史書が、「正史」なのである。ごく具体的にいえば、ときの政権が公認是認した歴史叙述であって、司馬遷の『史記』、班固《はんこ》の『漢書《かんじょ》』、陳壽《ちんじゅ》の『三国志《さんごくし》』など、はじめは政府につとめる個人の著述だったものの、のちには王朝政府が手づから、その編纂を手がけるようになった。「正統」を記録する史書「正史」は、「正統」に位置する存在でなくては書けない。「正史」をつくることで、自らが「正統」を継ぎ、「正しい」存在理由を有する、とアピールできるわけである。

「正統」という観念

では、政権授受の「正しい」方法・筋道とは何か。「天命」を受けることである。中国の主権者は、「天子」という。すでにくりかえし用いてきた語句で、「天」から「天下」を治めるよう「命」を受けた者の謂《いい》である。秦《しん》の始皇帝（在位前二二一〜前二一〇）から皇帝制度が始まって以後、「天子」とはとりもなおさず、皇帝となった。その皇帝の、血統を同じくした集合体が王朝であり、これが「天命」を受ける対象となる。したがって王朝政権が交代することを、「天命」が「革《あらた》」まる、「革命」と称する。

もっとも、「天命」は誰にも見えないし、聞こえない。受けたと主張するのは、誰でも自由である。だとすれば、そこは実力競争、弱肉強食にほかならない。勝ち残った者が政権を握ることになって、「天命」を得たことになる。中国の政権交代とは、つねにそんな実力行使の歴史でしかありえない。それを事後、みなが納得するために「天命」「革命」という理論・認識が存在するのである。

だから政治の変動は、この王朝交代の局面にしくはない。なら、歴史叙述も自然、そこに重点がおかれる。「革命」をどう描くか。ここに史書のみどころがある。

「正史」とはこのように、「正統」というイデオロギーを表現、発揚する書物である。だからそこに描く王朝政権のありようが「正しい」かどうかが、何よりも重大な問題だった。史実の叙述は何よりも、それを言いあらわすものでなくてはならない。

何よりわかりやすい例をあげるなら、天子という存在である。天はひとつしかないので、天命も同時に二つ下ることはない。一つであるはずで、なればこそ天下を統治するのは一人、統一というのが正しいあり方だということになる。

したがって、天子が同時に複数存在するのは、「正し」くない。分立・分裂とは過《あやま》った事態であり、認識だということになる。はじめにとりあげた「一つの中国」というテーゼは、このあたりに淵源《えんげん》がある。

「正統」と「三国志」

われわれにもおなじみの「三国志」が、恰好《かっこう》の材料を提供してくれる。日本人もよく知る「三国志」の物語は「天下三分」、中国に魏《ぎ》・呉《ご》・蜀《しょく》という三つの国、三人の皇帝が並び立った、というように思い込みがちである。たしかに史実としては、それでまちがいないのかもしれない。

しかし「天」は一つ。だから「天下」も一つ、そこを統治する「天子」も一人でなくてはならない。それが三人いた、とみなすのは、認識基準として「正し」くないのである。当時としても後世からしても、そうである。

曹操《そうそう》（一五五～二二〇）が「天下」を平定して、後漢《ごかん》王朝から「正し」く政権を受け継いだ、というのが、魏の認識である。その認識からすれば、「天命」は魏に下り、したがって「天子」は魏の皇帝しかいない。そこで後漢最後の皇帝・献帝《けんてい》の後には、魏の文帝《ぶんてい》・曹丕《そうひ》（在位二二〇～二二六）が続く。帝位に即《つ》かなかった父の曹操は、「武帝」と追尊された。

「正史」の『三国志』も、この「正統」を承認し、「武帝」曹操からその叙述をはじめる。そうすると、ほかに皇帝はいてはならない。曹丕の即位を否認して、蜀の劉備《りゅうび》が即位した。昭烈帝《しょうれつてい》（在位二二一～二二三）という。しかし「正史」の『三国志』は、それを認めない。劉備を昭烈帝、皇帝とは呼ばずに、「先主《せんしゅ》」と称する。「主」とは、たんなる君主、あるじの意ではない。皇帝と僭称《せんしょう》した者、ひらたくいえば、ニセ皇帝の謂である。天子・皇帝であるべからざる者が、勝手にそう自称している、というアピールのこもった文字なのである。

「武帝」曹操は「正統」、「先主」劉備は「僭偽《せんぎ》」。これが「正史」の「正しい」認識にほかならない。そもそも劉備が称した国号は、後漢に続く「漢」なのであって、一地方名にすぎぬ「蜀」と呼ぶのは、便宜という以上に貶称《へんしょう》である。

もちろん中国でも、この認識基準が確乎不抜なわけではなかった。日本人の「判官《ほうがん》びいき」よろしく、蜀に味方したいのである。朱子《しゅし》（一一三〇～一二〇〇）などは劉備を「正統」として、後漢の献帝の後を昭烈帝で受ける史書を書いており、これを支持する意見も根強い。

「正」「偽」の弁別

このあたり、『資治通鑑』を編纂した司馬光の意見はいかがであろうか。

中国を統一できなければ、いかに「天子」の名があっても、その実はない。……要するに、古《いにしえ》の春秋戦国時代と変わらない。そのなかの一国を「正統」と尊重し、ほかを「僭偽」と貶《おとし》めることなどできようか。……時間の経過にしたがって、史実を記すと、漢から魏、晋《しん》に続いてゆく年号をとらざるをえず、一方を尊んで他方を卑しんだわけではない。

実に公明正大である。これなら日本人にも、わかりやすい。儒教イデオロギーに無知であるだけに、なおさらよく納得できる。

歴史家の司馬光じしん、本気でこのように考えていたのかもしれない。しかしかれのつくった『資治通鑑』のできばえは、どうだろう。引用は巻六九、「魏紀一・黄初《こうしょ》二年」の条にある文章で、つまりはタイトルが魏の年号、魏の曹丕が皇帝であって、劉備のことは「漢主」としかいわない。「正史」と同じである。司馬光の考えはどうであれ、明らかに『資治通鑑』は魏を「正統」とする立場だと、読み手はみるほかない。

ここから、「正統」「僭偽」の辨別《べんべつ》は、もはや抜きがたい認識基準、動かしがたい枠組、牢《ろう》乎《こ》たる論理的前提になっていることがわかる。「正」「偽」を分かつことなしに、歴史を考えることも、書くこともできないのである。

それは実情からかけ離れた建前だといわれれば、そうにちがいない。しかしその建前は、ドグマと表裏一体をなしてしまった。それを用いてでしか、歴史事実を認識、考察、記述できないのが中国の史学、史書なのであり、「中国の論理」だということになる。

何も「三国志」の昔ばかりではない。いまも連綿と続いている。日本人になじみやすいところでいえば、かつて関東軍がデッチ上げた「満洲国《まんしゅうこく》」を、中国人は必ず「偽満洲国」と称する。汪兆銘《おうちょうめい》（一八八三〜一九四四）の南京《ナンキン》政府も同じ。たとえ実在したとしても、存在してはならない国なのである。だから、ついには滅亡した。逆にいえば、建前・観念が史実・現実を動かすパワーをもちかねない。

断代史

「正史」は筆頭で通史の『史記』を除いて、おおむね「断代史《だんだいし》」という形式の著述をまとめる。「代」とは朝代、王朝のことであるから、「断代史」とは王朝ごとに区切った史書を意味する。そこで書名も『漢書』『晋書《しんじょ》』『宋史《そうし》』『明史』など、王朝名を冠するのが普通である。「断代史」は単体なら、その王朝の歴史叙述というにとどまる。しかし中国の王朝は、興亡する。前の王朝に代わり、次の王朝が継いでゆく。儒教のドグマにのっとって天下を治めるのが王朝政権だから、それに成功すれば王朝は興隆し、失敗すれば衰亡する。ドグマ施行にもとづく盛衰のサイクルが、王朝の興亡に重なり合う。これが史書を編むコンセプトであるなら、「断代史」はそのサイクルを形づくる史実を書き残すにふさわしい。儒教の教義を出来事に即して具体的に示す、という史学の役割・史書の目的に、最も適合した形式なのである。

だから一つの「断代史」でも、そこには必ず王朝の盛衰・交代、「革命」を寓意《ぐうい》し、「正統」「僭偽」の理念を表象するユニットをなしている。複数くみあわせれば、なおさら。二千年の長きにわたって、書き継がれてきたゆえんである。

われわれは王朝をもって、中国史上のある時期を表現する。いわく「漢代」「唐代」「宋代」「明代」「清代」。直接に名指ししない場合でも、「六朝《りくちょう》」「五代」は王朝の数だし、あるいは「南北朝」という言い回しもある。学者であろうとなかろうと、この表現ばかりは変わらない。

しかし、これぞ「断代史」の影響である。残された史書が王朝をユニットとしているがために、そう呼ぶのが最も便宜なのである。無意識に「唐代」などと口にしてしまうことで、いかにその影響が強いか、あらためて知らされる。

当然のことながら、そこには儒教のドグマ・「正統」イデオロギーもビルト・インされており、それが「天下」という人間世界に流れる時間を整序する基準となってきた。われわれは中国とその歴史を考えるとき、その点にあまりにも無頓着《むとんちゃく》ではないか。もっと自覚的にならなくてはならない。

紀伝体

それでも史書のありかた、歴史の書き方は、そもそも一様ではない。中国では伝統的に、これを三つに大別する。編年体と紀伝体《きでんたい》と紀事本末体《きじほんまつたい》である。

いまのわれわれが最も聞き慣れないながら、じつは最もよく知るのは、紀事本末体である。読んで字のごとく、事《こと》の本末《てんまつ》を紀《しる》したもので、トピック・テーマごとに分けて歴史を書く方法。いま普通の歴史書は、教科書も含めて、いずれもこの書き方にほかならない。中国では一二世紀、南宋《なんそう》の袁枢《えんすう》という人の『通鑑紀事本末《つがんきじほんまつ》』が嚆矢で、最も遅くに始まった。現代につながる最新モデル、モダンなスタイルだといえる。

その対極にあるのが編年体。これは時の経過とともに、起こった事実を書き連ねていくやり方で、いわば最も原始的《プリミティヴ》な歴史の書き方である。いまも日常・身辺にある日記・日誌、履歴書や年表と、原理はまったく変わらない。年代記は古今東西、いつ・どこの世界にでもある史料だろう。

だから、別に特筆すべきものではないかもしれない。しかし、中国では神聖な経書たる『春秋』がこの方式だし、『資治通鑑』も同じ。編年というのは厳密にとりくむと、実はたいへんな作業なのも、上で引いた「考異」をみればわかる。中国の史書では、やはり尊重されるスタイルなのである。

ただ、これは読み物としては、とても不便で、読みにくい。同じ日付・箇所に異なる出来事がいっしょに出てくるし、同じ出来事が一時に、一日で終わるはずはないので、飛び飛びに書かれてしまう。筋道を立てて読もうとすると、あちこち行きつ戻りつしなくてはならない。

だから読みやすさを尊重して、紀事本末体の書物もできた。袁枢の『通鑑紀事本末』は、時系列で出てくる『資治通鑑』の記事を、事件ごとに配列しなおしただけのものだが、もとの材料がいいので、仕上がりもよい。

しかし何といっても、中国的な史書のありかたは、紀伝体であろう。天下をしろしめす天子の記録たる本紀と個人の伝記である列伝とを中心に編むもので、人物本位で描いた歴史、現代的にいえば、さしづめ評伝の集成である。

このスタイルを創始したのは、いうまでもなく史書の祖『史記』である。以後、王朝ごとにまとめた史書、とりわけその中核をなす「正史」は、その体裁を踏襲し、紀伝体でないものはない。つまり、史書で最もスタンダードで尊重すべき編纂法が、紀伝体となった。

歴史は歴史、評伝は評伝で、別物とみなすこともできるし、現代はそうみるほうが普通なので、よく考えてみれば、これは奇妙である。しかしさほど違和感を覚えない。それだけ「正史」という史書が、たとえ実地に読まなくとも、われわれ日本人になじみ深いわけで、それが同時に、紀伝体に対するわれわれの違和感をも減じさせている。

なぜこうしたスタイルが定着し、変化がなかったか、については諸説ある。その正誤を判別する能力は、筆者にはない。しかし紀伝体が史書にとって、最も便宜だった事情はみのがせないだろう。そこは「断代史」というユニットと、ほとんどかわらない。

儒教の教義は、「君臣」「父子」「長幼」など五倫《ごりん》に見られるように、いずれも個人の人間関係で説明する。帝王は万民の上に立ち、諸侯・官僚は地方を管轄するといっても、かれらのもとにある団体・組織は、もともと個人の集合であって、帝王も諸侯も自身は、個人にほかならない。だからすべて個人に還元できる、というのが儒教の立場であり、したがって史書も、個人個人の事蹟でドグマを説明するのが至便だった。紀伝体が尊重されるゆえんである。

中国の史学と日本人

以上、断代史・紀伝体の「正史」は、典型である。かくて史書では多かれ少なかれ、政権の治乱興亡・個人の出処進退がイデオロギーと表裏一体をなして、正邪が測られる。いわば勧善懲悪であって、現代のテレビドラマでもおなじみのストーリーじたて、これはわかりやすい。

中国の史学とは、要するにそうしたものである。とりわけ宋元時代以降、思辨的教条的な朱子学がひろまると、その傾向はいよいよ強まった。『資治通鑑』はなお史実に重きを置いている。けれども朱子がそれをリライト、ダイジェストした『通鑑綱目《つがんこうもく》』は、もはや史実から遊離して、正邪を断ずるものになった。「三国志」であえて蜀・劉備を「正統」とするのが、その好例である。

大部な『資治通鑑』など、ごく一部のエリート学者以外、誰も読まない。よく読まれたのは『通鑑綱目』をさらにダイジェストし、読みやすくなじみやすくした通俗本であって、一般普通大多数の知識人には、そちらのほうが圧倒的な影響力を有した。つまり中国の思考・論理は、そこを根拠に固まった、ということである。

そのあたり、われわれと同じ日本人の儒徒に論評してもらったほうが、わかりやすいかもしれない。荻生徂徠《おぎゅうそらい》（一六六六〜一七二八）にいわせれば、『通鑑綱目』など「歴代の人物の評判」「人のうわさ」にすぎず、学問でも歴史でもなかった。時代を一定のものさしで測るだけなら、誰でもできる。勧善懲悪は道徳であって、史実ではない。それぞれの時代をつぶさに学んで、互いの差異を知らなくては、世を論ずることはできぬ。

その人物評価は仮借なく善を善、悪を悪と断定する。厳格とはいえるけれど、あまりに武断的で深刻に失する。まるで罪人を裁くよう。……「理」という字をいいたてる弊は、ここに極まる。

これは伊藤仁斎《いとうじんさい》（一六二七〜一七〇五）の言。「理」とは朱子学のイデオロギー、通行の史書はそのイデオロギーをすべての基準に置いて、人物の善悪を検断するものでしかない、と批判した。学問的な立場を同じくしないはずの徂徠と口をそろえて、中国の史学・史書は、歴史を書きながら時代と史実を見つめない、と喝破したわけである。

古今の日本人すべてが、こうしたスタンスでは必ずしもない。朱子学は江戸時代を通じて、日本人に浸透した。『資治通鑑』の通俗版・ダイジェスト本も、そこに大きな影響を及ぼしている。おなじみの『十八史略《じゅうはっしりゃく》』が、その最たるものだった。

そこから、イデオロギー・理論を史実認識の前提とする思考法も、日本人の間に連綿とつづいている。水戸の『大日本史《だいにほんし》』から皇国史観・マルクス史学、あるいは昨今の世界システム論、グローバル・ヒストリーの流行にいたるまで、いずれもその例に漏れない。

それでも、儒教にふれた期間がごく短い日本人は、中国流の史書・史学に必ずしもなじめず、やはり仁斎や徂徠のような史実第一主義に親和的な立場も多かった。考証学を本場の中国にも劣らぬほど身につけたのも、客観的史実そのものに至上の価値を付与したランケ流の近代歴史学をいちはやく摂取したのも、そのあらわれであろう。

むしろ二つの立場のあいだで揺れてきたのが、近現代日本の史学史なのかもしれない。それに対して、近代の中国はどうなったのか。現代にもつながる歴史認識問題の根源が、けだしそこにある。これは章を改めて語らなくてはならない。

II　社会と政治

1　エリートの枠組

史書とエリート

史書はそのねらいやできばえがどうあれ、ともかく歴史事実を描くものである。そこには当然、実在した具体的な人物がいて、事件がある。もとより史書に載せる記事で、すべての人々と暮らしが直接に見えるわけではない。けれどもそこを手がかりに、過去のありさまをあるがままに復元してみる。歴史学とはそういう営みである。

中国史書の特徴は、紀伝体が代表するように、個人に偏していることであり、さらにその個人の事蹟で中心になるのは、『資治通鑑』に典型的なように、儒教のドグマが最も重視する君臣の関係である。正史の紀伝体は、主として本「紀」と列「伝」から成るものだから、ほとんどはその本紀・列伝が、それぞれ君・臣に相応する。

おそらく唯一の例外は、正史最初の『史記』。『史記』列伝に登場する群像は、君臣関係にとらわれない多彩な人士にあふれている。儒教ドグマがなお支配的ではなかった時代と社会を描き、また王朝本位の史書という観念と筆法がなお確立していない時期の作品だったからである。

したがって、史書があつかう世界の範囲は、驚くほど狭隘《きょうあい》なのである。皇帝・王朝・政府につかえるエリートとかれらの事蹟しか、相手にしていない。そうではない者も、もちろん登場はする。けれどもかれらにしても、順逆いずれにせよ、何らかのかたちでエリートと関わった人々にほかならない。つまり政治世界にかぎって、しかもその上層・エリートばかりをとりあげる一方で、一般民衆の基層社会や日常生活に対する関心は、ごく希薄なのである。

そんな史書を史料とする以上、過去の事実をつきとめ、時代の実相をみなおすわれわれの歴史学も、その制約を受けざるをえない。エリートしかカヴァーしない記事から、それが描かない範囲をもさぐらねばならず、さもなくば、中国社会を全体として把握することができないのである。中国史を研究する難しさとおもしろさは、ここに存する。

エリートと身分

一口にエリートといっても、その具体的な内容は、もちろん古今東西、一様ではあり得ない。日本をとってみるだけでも、古代では公家、中世では武士、近代では官僚・学者と、それぞれ資格も能力も異なっている。まして外国のこととなれば、いよいよ違ってきて当然、中国の場合もまず、そのエリートの定義から始めなくてはなるまい。

そもそもエリートが存在するのは、社会的分業のゆえである。大小問わず、人間の集団・社会をひとつの調和体として成り立たせるには、それを構成する人々の役割分担が不可欠であって、最も大きくは、指導層と被指導層とに分ければよい。いわゆるエリートとは、ひとまず前者だとみることができる。

「士農工商」というフレーズがある。この日本人にもおなじみの成句、あわせて「四民《しみん》」ともいい、由来はもちろん中国で、『管子《かんし》』小匡《しょうきょう》に見えることばだから、春秋・戦国、あるいは前漢時代の語彙にほかならない。

これは江戸時代の身分制として有名なフレーズだし、また「四民平等」もよく知られた成句だから、われわれは四つを固定した法的身分と思い込みがちである。しかしオリジナルの語義からすれば、それは誤解といってよい。「四民」というから、ひとまずみな「民」という社会範疇《はんちゅう》のなかで、役割の分担・分業をあらわすものなのである。したがって固定的・

世襲的な身分制ではないので、注意してほしい。

中国でも確かに身分はある。厳然として存在する。けれども世襲身分制というものは史上、太古の時代を除いて、確乎と存在したことはなかった。

いっそう具体的にいえば、中国ではエリートの定義、作り方が、たとえば江戸時代の日本などとは異なる、ということである。エリートをいかに作って、非エリートと分別するか。これはそれぞれの社会・時代の性格を如実にあらわすバロメーターになりうる。

中国では多くの時代、一般に少数のエリートを「士《し》」、大多数の非エリートを「庶《しょ》」という文字で書きあらわした。「士農工商」の「士」も、農・工・商の上に立つ人々・階層をさす。ただ日本のように、武士が「士」ではありえない。すでに述べたとおり、武を卑しみ、蔑《さげす》むのが儒教の通例だからである。

もちろんエリートにあたるのは、「士」だけではなく、ほかにも同義語はたくさんあるし、また同じ字面でも、意味内容が異なる場合もありうる。そのあたりに気をつけながら、中国のエリート・身分を概観して、社会構成のありようを考えてみたい。

「君子」と「小人」

『論語《ろんご》』為政《いせい》に「君子不器《くんしふき》」という四字のフレーズがある。『論語』の「君子」とは、身分ある男子、為政者・指導者が原義であり、まごうことなきエリートを意味する。対語は「小人《しょうじん》」である。

「君子は器《き》ならず」。いろいろな翻訳が可能だが、吉川幸次郎《よしかわこうじろう》（一九〇四～八〇）は「紳士は技術的でない」という訳をあて、宮崎市定《みやざきいちさだ》（一九〇一～九五）は「諸君は器械になって貰《もら》っては困る」と訳す。かなりニュアンスの隔たりがあるけれど、もとは同じ原文だから、いいたいことの核心は同じ。つまり「器」は、エリートにとってネガティヴとみなすべし、ということである。

「技術」にせよ「器械」にせよ、一定の用途があって、それしか使えない。ひとつのことしかあつかえないから、個々諸々を統《す》べることは難しく、したがって万人の上に立てない、というわけである。

人の上に立つには、偏してはならない。大多数の人に通用して優越するものを身につけていなくてはならず、儒教では、礼儀・道徳・教養がそれにあたる。わかりやすく現代風に、礼儀・道徳・教養といってみたけれども、これは同一物のヴァリエーションであって、行動・精神・知性それぞれの面での発現形態にすぎない。すべては儒教の教理とまとめることが可能である。そこで「君子」は有徳者《うとくしゃ》・知識人という意味にもなって、儒教の教理の有無が、エリートと非エリートを分かつ基準となる。

「君子」と対をなす「小人」は、したがって儒教の教理に無縁であって、まさにそのゆえに下層に位置する無徳者・非インテリ・被治者にほかならない。そしてかれらは、偏した「器」であってよいわけであり、さればこそ、農・工・商それぞれ特化した職業があてられる。

現代的な概念範疇でいえば、「器」はスペシャリスト・プロフェッショナルにあたる。こういうと、プラスのイメージ。けれどもそれは、中国の伝統的通念では「小人」、むしろ蔑《べっ》視《し》の対象なのである。われわれ現代日本人の通念・価値観とは、まずそこから違っていることを知らなくてはならない。

「君子」「小人」という語彙表現でもよいものの、後世いっそう一般的に通じるのは、「士」「庶」ということばである。「君子」「小人」だと字面がわかりやすい分、安易に考えてしまいがちで、立ち入った考察には逆効果。それに対し、「士」「庶」という漢語表現は、われわれになじみがないだけに、好奇心がわいて、理解しようとつとめたくなると期待したい。以下あえて「士」「庶」を用いるゆえんである。

「士」「庶」の分別

「庶」一字だととっつきにくいものの、「庶民」という熟語なら、われわれも耳慣れている。

これは同義の漢字を合わせたもの、「知識」や「重複」などと同じつくりの語で、つまり「庶」＝「民」である。

ただ、そうすると、いささかおかしい。なぜなら先の「四民」の説明では、「士」は「民」のなかにあって、「庶」と対置できないからである。ここそ実に、中国社会の作り方で注目すべきところにほかならない。

儒教の経典『礼記《らいき》』曲礼《きょくらい》に「礼《れい》は庶人に下さず、刑は大夫に上《のぼ》さず」というフレーズがある。古来とても有名で、時と場合によって、さまざまな解釈のなされてきた成句。ひとまず字面だけの意味をとれば、「庶」以下の人々には、礼が及ばない、「大夫」以上の人々には刑が及ばない、となり、それでわかったような気もするけれど、もう少し説明がほしい。

これは社会階層とその要件を述べているのである。「礼」とは儒教の教理を実践するパフォーマンスであり、それを身につけたエリートは、品行方正、秩序に違《たが》うことはありえない。万一違えば、自裁すべきものとされた。だから刑罰を及ぼす可能性もなければ、必要もない。逆に非エリートは「礼」を知らない人々、したがって秩序の埒外《らちがい》に逸脱し、世を乱す恐れがあるから、刑罰で律さなくてはならぬ。礼が及ばない非エリートの「庶」以下には刑罰が必要だが、エリートの「大夫」以上に刑罰はいらない、ということである。

それでは、「士」はどこにいるのか。「士」は「大夫」の下に位置する身分概念である。かつすでに述べたように、「庶」の最上位でもあって、大多数の「庶」のなかから抜きん出て、少数高貴な「大夫」の驥尾《きび》に付す恰好にほかならない。つまりこの両階層の中間に位置し、橋渡しをしているわけである。

もっとも、いつの時代・どんな場合にも、完全な中間・中立というのはありえない。「士」は「四民」といったように、古くはどちらかといえば、「庶」の筆頭という性格が強かった。ところが時代がくだると、「士大夫《したいふ》」と熟する。むしろ「大夫」と一体化したのであり、それが「庶」と対置すべき存在になった。中間の下方にあった「士」は、上方に転じたばかりか、エリートの汎称《はんしょう》にすらなったわけである。

だとすれば、こうした「士」のありかたとその変遷が、中国の社会構成を動態的に観察する手がかりになる。中国的なエリートとはいかに確立したのか。「庶」「民」のなかにいたはずの「士」が、いかにして「士大夫」というエリートに転化したのか、を見ることで、その問いにひととおり答えることもできよう。

2 貴族制

「フラット」な社会

中国が統一政権のもとにおかれる秦漢以前、西暦紀元前三世紀までは、封建的な身分制が行われていたとされる。世界史の教科書にも必ず、「卿《けい》」「大夫」「士」が上層の階級として載っており、これは世襲の身分だった。さきにみた『礼記』曲礼の「大夫」というのも、むしろこちらの「大夫」だと解すべきかもしれない。

しかしそうした封建身分制は、あまり意に介さなくともよいと思う。少なくともいまの中国を考えるためには、さして必要ではない。なぜなら「卿」「大夫」は、その漢語の字面だけ残して、当時の中身はつとに消失してしまうからである。『礼記』曲礼のフレーズも、書物ができた時代にあった史実を説くよりも、後世の事情を表現する典故・譬喩《ひゆ》に用いるほうが圧倒的に多い。

春秋・戦国時代は、上は国家間から下は個々人間のレベルにいたるまで、実力競争の社会になっていた。諸子百家という思想が生まれた母胎もそこにある。封建制・身分制も形骸《けいがい》化して、前漢の時代までに、その実質はほぼ消滅した。

とりわけそれが顕在化したのが、秦の始皇帝の天下統一から漢王朝のはじめにかけて、紀元前三世紀の末にあたる。一八世紀の学者・趙翼《ちょうよく》はそれを「天地の一大変局」と形容した。古来ずっと国君は代々君主であり、「卿」も「大夫」もその官職を世襲してきたのに、そんな「遺法」が蕩尽《とうじん》してしまったという。

かつて身分あった人びとは零落し、どこの馬の骨かもわからない連中が権力者にのし上がった。そもそも漢王朝の始祖、高祖《こうそ》劉邦《りゅうほう》が典型的で、もと流浪の盗賊同然の人物である。その配下では、小役人が宰相までのぼりつめたし、車夫・商人・屠殺《とさつ》人も相応の要職についた。

政府・官界ばかりではない。民間でも侠客《きょうかく》・富豪など、自らの実力で大きな勢力をもって、権力に対抗するような人々もあらわれた。

このような社会を、宮崎市定は「古代市民社会」と呼んだ。「市民」というのは、ギリシア・ローマ、西洋古代の都市国家を念頭に置いた表現である。いささかストレートに失するにしても、世襲身分制のない社会が当時、厳然と存在していたことはまちがいない。「フラット」な社会関係と称する研究者もいる。

そんな社会状態だったから、当時の王朝政府も、治下の人口を把握できた。『漢書』地理《ちり》志《し》に五九五九万四九七八人という数字を載せており、ほぼ実数に近い。具体的な実数を割り出せるのは、当時の人々が上下の差別、従属の関係がない、個別に自立した存在で、各々政府当局に直属していたからである。

したがってそこでは、才幹すぐれたエリートの「士」も、「庶」と変わりない存在であり、「四民」の筆頭という位置づけでありえた。エリートと非エリート、「士」「庶」の格差・断層はほとんどなかったのである。

豪族と貴族

そうした社会は、前漢・後漢という安定政権の四百年間を通じ、おもむろに変容する。平和のもとにおける個々人の競合は、次第に勝者と敗者、貧富の格差を生み出し、固定化させていった。強者は弱者を圧倒し、少数の勢力家と大多数の零落者に分かたれる。人間関係は上と下との関係に整理されてきた。前者を豪族というのが普通である。

こうした動きがはじまったときに、秩序の維持に便宜だということで、とりあげられたのが儒教だったのである。人と人とのつながりを上下関係で整序するそのコンセプトは、まさしく時代に棹《さお》さしていた。

では、その秩序を保つ当時の統治は、どのようなものか。広大な中国を一元的に治めるには、組織も方法もなお未熟であった。その要点は人材を抜擢《ばってき》するまでにある。一定の地位につけてしまえば、その職務の全権と責任はすっかり委《ゆだ》ねてしまう形だった。こうした通念は永く残ったもので、後世に官僚組織が発達しても、その気分・意識はなかなか抜けない。不正汚職の温床にもなった。

だとすれば、人材の選抜をどうするかが問題である。当時は確たる先例もない。とりわけ初任官は、まるで実績のない青年が相手である。いまは投票と同義の「選挙」という漢語は、元来こうした人材選抜のことをいった。「郷挙里選《きょうきょりせん》」のような成語もあり、もとは住んでいる地元のコミュニティから、官吏にふさわしい才能品行をそなえた優れた若者を推薦《すいせん》する、という意味である。

しかしそれも、いちいち本人の人物・素行をみて推薦したわけではないし、できるはずもない。知名度の高い、勢力ある一族の子弟を選んで、かれらに任せてしまうのが、もっとも容易で確実である。

そこから次第に、特定の勢力家・豪族が、政府の要職を世襲的に独占するような風潮が生まれ、定着してきた。けっきょく政治権力も、豪族の勢力拡大の動きを追認、助長するほかなかったのである。

そうした動きをもっともよくあらわすのは、後漢時代の楊《よう》氏・袁氏の場合である。いずれも屈指の名家で、四代にわたり人臣を極める地位にのぼった。こうして高い官職を独占する家が固定化してくると、これはもはや並みの豪族・勢力家ではない。貴族と称して区別するのが普通である。

「貴族」という以上、たんに富力・武力があるかないかだけでは決まらない。もちろん有力でなくては始まらないが、それは最低限の前提である。条件を十分に満たすには、高貴でなくてはならなかった。

つまり力の有無大小だけではなく、貴賤《きせん》という価値基準がいっそう重要になってきたわけである。しかもそれが個々人ではなくて「族」、一家・一族を単位に考えたところも、みのがしてはならない。そんな趨勢《すうせい》は西暦の三世紀までに、ほぼ定まって不可逆になった。

九品官人法

三世紀の中国はいわゆる「三国志」、動乱割拠の時代である。もとより実力がモノをいう競争であって、曹操・劉備をはじめ、上層・下層を問わず英雄を輩出した。

けれども世は、すでに貴族制が根強く固まりつつある。いかにのし上がって権力を獲《え》ても、有力な豪族・貴族の支持を得られなくては、政権を掌握、維持することはできない。英雄たちもよくみれば、そうした勢力家・名望家の出身者が少なくなかった。曹操のライバル、袁紹・袁術《えんじゅつ》は上にふれた名門袁氏の出であったし、諸葛孔明《しょかつこうめい》も名族に属する。

そんな趨勢をいっそう助長して完成に至らしめたのが、九品官人法《きゅうひんかんじんほう》。三国の分立、後漢の献帝が魏の曹丕に帝位を譲る直前にはじまった官吏登用法である。著名な科挙制度ができるまで、四百年の長きにわたっておこなわれた。

「九品」の「品」とは、ランクづけのこと。政府の官職を上下九つのランクに分け、才能・資格に応じて、各人に割りあててゆく方法である。

そのポイントは「起家《きか》」、つまり初任官にあった。いかほどのランクの、どんな初任官を拝命するかによって、おおむね将来のぼりつめる出世コースが決まるしくみになっていたからである。

それなら、その初任官はどうやって決めるのか。そこが重大だった。原則はそれまでと変わらない。すなわち地元の評判・推薦である。そして名望家・勢力家の子弟ほど、高く評価することが通例になっていた。個々人にそなわる人格・才能は、もはや問題ではなく、門地・家柄の有する声望・権勢が基準だったのである。

「流品」

そこで高いランクの官職に、名望家・勢力家が集中する結果となる。しばしば世界史の教科書にも引用のある「上品《じょうひん》に寒門《かんもん》なく、下品《かひん》に勢族《せいぞく》なし」というフレーズは、そんな当時の世相をあらわしたもの。「上品」つまり高位の官職は、「勢族」が独占するところだった。それがくりかえされ、代々のキャリアが堆積して家柄の品格と化し、全国的に希少、かつ高貴な門閥を生み出していったわけである。

それなら、対をなす「寒門」とは何か。「下品」つまり下級の官職にしか就けない門地というわけだが、ひとまず任官はしているので、純然たる庶民だとはいえない。けれども、すでに上層・高官への昇任は、まったく望めない立場にある。

同じく官途についたにもかかわらず、高官を独占する門閥と下層に沈淪《ちんりん》しつづける人々とが、かくて截然と分断された。ここに貴賤の意識が生じる。「勢族」も「寒門」も、もとをたどれば、草莽《そうもう》から崛起《くっき》した、大差ない豪族だったかもしれない。しかし声望あり高貴な門閥が定着してしまうと、それ以外は下賤だと切って捨てられた。

こうした差別意識を、当時の漢語で「流品《りゅうひん》」という。「流」は一流・上流の「流」、「品」と同じく、ランクづけという意味である。この「流品」が発達し、高貴な門閥は自分たちこそエリート、すなわち「士」だと称するようになった。それまでのエリート概念にはなかった「流品」という差別意識がくわわって、「士」はそれを濃厚にふくんだ概念に転化したのである。

「士」の字義には、仕官の「仕《つかえる》」と通じて、任官の意があるという。だとすれば、任官した「寒門」も、元来は「士」のカテゴリーに入るはずだった。ところが「流品」のもと、差別待遇を受けて、「士」とはみなされなくなった。やがて官制も改革されて、「寒門」に割り振られる下層の官職も消滅してしまい、つまり高貴な門閥の「士」しか、任官できなくなる。「寒門」の人々は、一般の民衆とまとめて「庶」のカテゴリーに押し込められたのである。「士」はもはや庶民の筆頭ではありえない。「庶」からはるかに隔絶した存在になった。座を同じくするだに汚らわしい、近くにさえ居たくない、というのが、「庶」に対する「士」の矜持《きょうじ》である。「寒門」の就く官職を排除した官制の改革も、こうした「流品」の意識に応じるものだった。

社会的にも政治的にも、「士」と「庶」の距離はどんどん遠ざかり、断層はどんどん深まっていった。当時「士」と「庶」の間は、天と地ほどの隔たりがある、といわれ、また高貴な「士」が、下賤な「庶」を使役する、「士」「庶」の別なく、智者が愚者を使役した漢以前とはまるでちがう、といわれたのも、そうした時代相を表現したものである。

こうしたありようは、三国魏をうけた晋から、江南半壁《こうなんはんぺき》を保った南朝にかけて発達し、完成した。俗に言う「六朝」、いわゆる「正統」王朝の治下である。「流品」・貴族制はいわば中国史の「正」しい潮流・メインストリームだった。

かたや中国の中心をなしてきた華北は、同じ時期、遊牧民があいついで蜂起《ほうき》、侵入して割拠する混沌《こんとん》たる事態になっていた。いわゆる「五胡十六国《ごこじゅうろっこく》」である。やがて四世紀末には、鮮卑《せんぴ》・拓跋《たくばつ》部族の北魏《ほくぎ》政権が興って、華北を統一した。北朝のはじまりである。

こちらは「正統」からすれば「僭偽」、逸脱《ディヴィエーション》にほかならない。しかしながら、実際の史実をたどるかぎり、歴史の原動力はむしろ、この逸脱のほうに存した。

「流品」・貴族制というのは、門地・血統を基準に、エリートか否か、高貴な「士」か、下賤な「庶」か、を決めるやり方である。客観的にみれば、門地が低くとも有能な人物がいる可能性はいくらでもあるから、不合理な制度たることは否めない。

実際についてみても、貴族・「士」以外からも、才物は輩出している。たとえば、五世紀の末、南朝斉《せい》の武帝（在位四八二〜四九三）につかえて辣腕《らつわん》をふるった紀僧真《きそうしん》。かれは当時の「士」と面会したとき、汚らわしい、と同席してもらえなかったエピソードのある人物である。

人材は門閥を問題にする必要はない。紀僧真はふつうの貴人など、とうてい及ばない逸材だ。

重用した武帝のことばだが、たしかに容姿・物言いも、「士」の風格に富んでいたと記録にある。けれども当時は、君主におもねって権勢を握った「倖臣《こうしん》」と分類される。

もっと日本人になじみ深いところでいえば、朱异《しゅい》という人物もいた。『平家物語』の冒頭、「秦の趙高《ちょうこう》」「漢の王莽《おうもう》」「唐の禄山《ろくざん》」とともに、国を誤った奸臣《かんしん》の代表として登場する。南朝梁《りょう》の武帝（在位五〇二〜五四九）につかえた。この朱异が悪評を一身に浴びるのは、その門地が低かったにもかかわらず権勢を握ったため、名門の「士」たちに憎悪されたからであろう。

紀僧真・朱异、ともに南朝の事例である。いかに「流品」・貴族制が発達した南朝でも、実際の統治をになう君主には、才能すぐれた人材が不可欠だった。門地・血統すぐれた「士」にふさわしい人材がいなくては、「庶」から見つけざるをえない。

そこで心ある君主は、門地の尊卑よりも個人の才徳を重視した。

有能な人材がつく官職が要職なのであって、官職そのものに軽重清濁があるわけではない。どうして要職を「甲族《こうぞく》」に限る必要があろうか。

朱异を登用した梁の武帝のことばである。「甲」は甲・乙《おつ》・丙《へい》・丁《てい》……の甲、つまり第一、トップの意。「甲族」とは一流の名門一族、貴族をさすので、門地の高下でなく個人の才能で官職に任ずべし、という趣旨になる。

われわれからみて、至極あたりまえなこの発言は、しかし「正統」南朝の社会では、相い容れない特異なものだった。なればこそ、朱异が非難されたわけである。

しかし「正統」から逸脱した北朝は、むしろ武帝の考え方のほうに近づいていった。臣下の官僚からも「門地の声望は父祖の七光り、政府の役には立たない。今に益するのは賢才のみ」だと公言される。けだし戦乱のつづいた華北で、漢人とは観念・価値基準の異なる遊牧民と対峙《たいじ》したことで、現実主義《リアリズム》・実用主義《プラグマティズム》が勝っていたのだろう。それでもこうした「賢才」主義は、「流品」・門閥主義の社会通念と衝突して一進一退、北朝でもなかなか普遍的にはならなかった。

そんな賢才主義をいかんなく発揮したのは、北朝のうち最も弱小だった北周《ほくしゅう》政権である。

その北周を後継した隋《ずい》に至って、九品官人法は名実ともに廃せられ、科挙がはじまった。六世紀も末のことである。

隋唐時代

隋とそれを承け継いだ唐は、日本人にも遣隋使・遣唐使でおなじみの王朝である。それに対し、先行する北周というのは、少なくとも日本人の間では、著しく知名度が低い。けれども学界では、北周・隋・唐は同じ系列・体質の政権とみなすのが普通である。そこで隋唐を考えるには、北周を知らねばならない。

北周は六世紀の半ば、北魏が東西に分裂した後をうけて成立した。版図は華北の西半分、おおよそ現在の陝西《せんせい》省・甘粛《かんしゅく》省にあたる。当時の中国でも、最も後進的で貧しい地であり、それだけに国歩は艱難《かんなん》をきわめた。

にもかかわらず、その政権は生き延びたばかりか、どんどん興隆、拡大して、華北の東半を支配したライバルの北斉《ほくせい》政権を滅ぼし併合した。隋・唐はその後を承けたからこそ、中国を統合できたのである。

そんな北周の発展は、何よりその軍事力、それを引き出した団結力の優越によっていた。のみならず、さらにそれを裏づけたものとして、北周なりの理想・理念がある。

その本拠地は古代・中国の黄金時代とされる周《しゅう》王朝発祥の地であり、北周という国号もそれになぞらえていた。要するにその理念は復古主義で、漢王朝よりも前、周の時代に立ち戻ろうというにある。

しかし何もかも千年以上の昔に返すというのは、いかにも空想的であって、もとより現実にそうなったわけではない。復古を理念モデルとして、悪《あ》しき現状を否定しようというのが、そのコンセプトである。その否定すべき、あらためるべき現状のひとつが、門閥主義であり「流品」であった。そんなものが存在しなかった周・漢の時代が、理想だったわけである。

この理念・方針は、隋・唐になっても、変わらない。その所産が、官吏登用は門地ではなく、個人の才徳を基準とする賢才主義であり、それを測定するために試験を課す、という科挙であった。隋王朝にいたって、ついに賢才主義の実践が、現実の制度として結実したのである。

「五胡十六国」・南北朝という政権割拠を克服し、中国を一つにまとめた隋・唐の政権は、たしかに強力である。それでも一朝一夕に、従前の社会を新たにすることはできなかった。文化のすすんだ旧南朝や華北の地には、古い家系の門閥を誇る貴族がまだまだたくさんいたし、その意識も旧態依然である。隋唐政権の中核を担う皇帝、およびその配下の新興官僚たちは、大なり小なりコンプレックスをもっていた。

恰好の事例が、中国史上、不世出の名君と称えられる唐の太宗《たいそう》・李世民《りせいみん》（在位六二六～六四九）。かれが科挙の合格者たちの行列をみて、「天下の英雄はすっかりわが囊中《のうちゅう》に入った」と喜んだ、という有名な逸話がある。これは既存の門閥貴族が自身よりも高貴で、頤使《いし》するにたえなかった実情の裏返しであって、この時代の天子の位置をよく物語っている。

果たして、『貞観氏族志《じょうがんしぞくし》』という家柄番付の編纂にあたり、唐の太宗は自分の家が第三等にランクづけされ、たいそう怒った、というエピソードもある。当時の貴族の間では、唐の皇室はどれだけ高くみても、二流・三流でしかなかった。しょせんは成り上がり、と蔑まれていたわけである。

写真6　唐の太宗・李世民
所蔵：故宮博物院（台北）.

天子が成り上がりなら、科挙に合格して登用された官吏は、もっと成り上がりである。こうした天子と新興の官僚層が、科挙を活用しながら、三百年かけて貴族制を崩潰《ほうかい》に導いたのが、唐代の歴史だといってよい。

3　科挙体制

唐宋変革

東洋史学では、唐と宋の間、西暦でいえば一〇世紀前後の時期に、中国を中心とする東アジアで、一大転換があったとみる。これを唐宋変革とよびならわす。

この変革はさまざまな方面にあらわれた。後述するとおり、ひろく対外関係・世界観もそうだし、経済産業もそうである。ひいては、われわれにより身近な生活文化でも同じ。要するに、世の中・時代が一新したわけである。

したがって政治・社会も、その前後で一変した。隋唐からはじまった科挙も、そこに大きく作用している。

宋代以降の体制を、われわれは君主独裁制・官僚制と呼んでいる。これは上にみた貴族制との対にほかならない。門閥貴族が政治・社会に最も大きな勢力を有し、指導層を独占していたのが、貴族制である。そんな貴族は一〇世紀以降、いなくなった。代わって、政治上で最も大きな権力を掌握したのが天子であって、その立場からいえば君主独裁制であり、また社会で最も勢力を有したのは新興の官僚層だったから、その立場からすれば官僚制といえる。

君主独裁制とは、皇帝の意思があらゆる政治の根源となる、という意味ではない。専制とはちがうのであって、なるべく多くの行政機関を皇帝の直接指揮の下に置き、あらゆる政治が君主一人のみで決裁される組織の謂である。

それなら、こうした組織・行政機関は、いかなる人材で成っていたか。ここでは、それを官僚と称する。君主独裁といい、官僚というのは、すべての権力の根本は皇帝一人が有し、ほかのいかなる大臣も全権を有さず、皇帝がいかなる高官にも、職務の全権を委任しなかったからである。政務に完全な責任を負うのは、皇帝以外にはいなくなった。そこで高い官職につくのにも、天子の権力により任命されなくてはならない。言い換えれば、門地・家柄の特権は消滅したのである。

これで天子・皇帝をしのぐ存在はいなくなり、その地位も唐代以前・貴族制の時代より、はるかに安全となった。それまで頻繁だった廃立や弑逆も、以後はめったに見られない。三国六朝と短命だった王朝政権も、永続するようになった。モンゴル帝国を例外として、宋・

明・清いずれもそうである。

士大夫の成立

そんな君主独裁の政治と表裏一体をなすのが、官僚の存在であった。官僚に任じた人々は、新興のエリート層であり、学界では一般に、かれらを「士大夫」とよぶ。一文字でいえば「士」、「庶」の対語、まさしくエリートの謂である。

それまでの「士」、エリート層とは、門閥貴族であった。そのエリートたるゆえんは、門地・家柄・血統にある。門地がすぐれていれば、そこに属する個人の才幹もすぐれているというのが、かつての通念であった。

これはたしかに一理あって、当時の実情の一面を物語ってはいる。門閥貴族の家は代々、学問を伝えて礼教を維持し、優秀な家風をつくり上げていた。そんな教育機能は、一般庶民がとても、短時日のうちに模倣できるところではない。教育を受けた優秀な人材が、庶民より貴族のほうに多いのは当然であり、なればこそ、家柄を尊ぶ貴族制も、門地を基準として任官させる九品官人法も、一定の説得力があった。

しかしながら取るべきは、家柄の評判ではなく、あくまで教養・人格とそれがそなわった人材である。だとすれば、いかに家門が養成するからといって、門地だけで任用するのは、やはり不合理である。環境・条件がどれほど整っていても、それだけで優秀な人材ができるとはかぎらない。優秀かどうかは、その人自身について試してみなくてはならぬ。

そうした賢才主義を制度化したのが科挙である。しかし科挙がはじまったからといって、家柄を尊ぶ貴族制の通念は、容易に衰えなかった。唐一代を通じて、ようやく社会全体が門地の高下より個々の人材を重んじる観念に変化したのである。

そこで官職も、個人の才徳で任用する原則となった。門地がなくとも、貴族でなくともよい。いかに高い地位でも任じてよかった。もっとも、それはみな一代かぎり、あるいは同一人物でも、その時だけのことである。

任用するのは天子・皇帝であり、そのよすがになったのが、ほかならぬ科挙である。皇帝が主催する科挙の試験に合格すれば、すぐれた才徳を証明できて、官職が与えられた。社会的な名誉・政治的な権力を獲得して、エリートになれるのである。

したがって士大夫は、自らの地位の源泉をすべて、天子と科挙に依存していた。士大夫があくまで皇帝・王朝を支持し、君主独裁制のバックボーンになったゆえんである。名門を誇って自律的であり、皇帝さえもしのぐ権威をもち、実際に帝権にあらがってきた貴族とは、ここが決定的に異なっていた。

読書人と科挙試験

こうした士大夫たちは、「読書人」とも呼ばれた。この字面が当時のエリートの資格をよく言い表している。いまでも中国語の「読書」とは、学問研究のことをいい、日本語の読書とは重なる面もありながら、ニュアンスは決して同じではない。というのも、「読」む「書」には、漫画・小説など娯楽は、いっさい含まなかったからである。

「書」とは、第一義的には経書のこと、儒教の教義・ドグマを記した書物にほかならない。これを解読、体得して、衆人に説き、伝えることが、エリートの要件だった。「君子」・庶民の師表として、人の上に立つものは、経典に記す教義を身につけ、礼儀を表現できなくてはならない。それが儒教の根本理念であり、士大夫・読書人とは、まずその体現者なのである。

そもそも儒教の経典は、難解である。現代日本人ばかりでなく、中国人にとっても古来、同様だった。そんな難しい経書を「読」みこなして、精髄を体得するには、相応の学力がなくてはならない。経書を研究する経学が発達したのも当然、そのために「読書」ということばに、学術研究の意味がでてくる。

儒教の教義とは、とりもなおさず道徳能力であるから、教義を会得する学力があれば、同時に道徳もそなわったことをも意味する。そこを測定するために、科挙という試験制度が存在した。

中国史上の科挙とは、政府に任官するにふさわしいエリート人材の選抜試験、いまでいえば、さしづめ高等文官試験である。現在の国家公務員試験も、その起源はここにいきつく。もっともその試験内容は、現代のように専門知識・行政能力・政治手腕を問うものではない。あくまで「君子不器」であって、経書をどれだけ身につけたか、をみるものだった。その測定を通じて、儒教のドグマの体得度、ひいては道徳能力の有無、つまりエリートの資格も測れる、という趣旨である。

それなら科挙の試験とは、いわば経書の暗記テストにほかならない。論述問題だったので、作文作詩の能力もためされた。けれどもそれは、経書の語句表現をいかほど記憶していて、どれだけ自在に運用できるか、ということであって、現今のツメコミ式の受験勉強と何らかわりない。

いな、今とは比較にならない恐るべき「受験地獄」である。最も基本的なテキストの四書五経だけでも四十万字を優に越え、これを暗記するのはあたりまえ、加えてそれに数倍する分量の注釈書を習得しなければならない。史書・文学もぜひ読む必要がある。詩文を作る練習も欠かせない。頭がよいばかりでは、とうてい不十分である。師について学び、専心努力しなければならない。

だから科挙に合格するのは、並大抵のことではなかった。その意味で、選ばれた人々、エリートであることにはまちがいない。経典に明るい、という一点に限っていえば、科挙に通った士大夫は、かつて高い門地を誇った貴族より、はるかにすぐれた学力・知識をそなえていた。

「流品」と特権

だとすれば、そんなエリートたちが、非エリートをどうみたか、想像に難くない。これは現代のわれわれにも感じとれるはずである。「庶」に対する「士」の優越感・侮蔑感、あるいは差別意識は、厳然として存在していた。

こうした差別は、三国六朝・貴族制以来のものである。唐代までの貴族の場合は、家門・血統による先天的な差別だった。それに対し、宋代以降の士大夫エリートは、何よりも科挙に合格する、という契機が必要である。科挙に合格さえすれば、任官権を得られて、庶民とはかけ離れて高貴な存在たりえた。

そうだとすれば、唐宋変革による貴族制の消滅とは、「流品」・差別の消滅を意味しない。門閥貴族は消滅しても、「流品」という社会通念と「士」「庶」の懸隔という社会構造は、根強く存続していた。

むしろ科挙が門地に代わって、従来の「流品」を鞏固《きょうこ》に裏づけたといったほうがよい。

試験という合理的な手段であればこそ、そのオーソライズはいっそう社会的に受け容れられたわけである。

しかもこの「流品」とは、たんなる「士」の矜持、エリート意識というにとどまらない。苛酷《かこく》な「受験地獄」を勝ち抜いてまで、優秀な子弟が士大夫になろうとするのには、相応の目的があった。任官するエリートには名誉は当然、それ以上の利益・特権が附随していたからである。観念上の差別は、権利の格差として具現化した。

いかなる特権かは、少し説明がいる。中国古来の通念によれば、政治の場では、必ず治める者と治められる者が存在し、前者は頭をつかい、後者は体をつかう。これが社会上の「士」「庶」の区別に対応していた。実際の行政事務も公共事業も、治める「士」の指示にしたがい、治められる「庶」が労力を出しあって、運営すべきものとされる。その義務的な労働奉仕を徭役《ようえき》と称した。

さきにみたとおり、刑罰も仮借なく「庶」に及ぶ一方で、エリートには科せられない。これもまったく同じ文脈であって、刑罰の多くは通常、肉体を労し損なうものだからである。肉体を労しない、というのが「庶」と判然区別される「士」のステイタスのあかしだった。一般庶民が苦しむ徭役・刑罰を免れるのだから、大きな特権である。

合格さえすれば、本人の富貴が保証されるのはもとより、その一族・関係者にもその余沢がおよぶ。人々があらそって科挙を受け、「士」となろうとしたのは、一身の栄達利禄と一家の財産保全という功利的な理由によっていた。いわゆる四書五経に記す高邁《こうまい》な道徳を実践するためではない。

「士」「庶」の動向

宋代以降、科挙は千年の長きにわたって続いた。とすれば、永続する条件があったわけであり、そのひとつがこうした特権である。

「受験地獄」の科挙は制度上、誰でも受験できる。しかし現実に誰もが応じられるものではない。能力・財力など、条件に恵まれた少数の人々しか、科挙を受験し、なおかつ合格することはできなかった。

だから優秀な子弟が一人でもいれば、科挙を受けさせるために、周囲の人々はこぞって、投資援助を惜しまない。もちろん、特権ある士大夫になった後の見返りを期待してのことである。

士大夫本人もいったん合格してしまえば、もう苛酷な「受験地獄」は忘れて、既得の資格・権益を守るため、その子弟をまた科挙受験のために教育した。こうした循環によって、科挙が根づいてゆく。

それなら条件にめぐまれず、士大夫になれない人々はどうしたのか。庶民は自分が独立した財産をもっていれば、租税はもちろん、徭役もまぬかれない。そんな負担を少しでも回避するために、その家族・財産もろとも士大夫のもとに身を寄せ、特権のおこぼれにあずかろうとした。その財産を士大夫に寄進し、自身もその使用人になれば、「士」の特権で、負担が軽減される。そればかりか、士大夫の威を借りて有利な地歩を占め、自分と同じ庶民を見下すことも、不可能ではない。

個々の庶民は内心、士大夫をバカにしていたであろう。たんに知識があるだけ、経書をたくさん覚えたからといって、実際に道徳を有しているはずはない。儒教の建前である。かれらが聖賢の道を説きながら、庶民を搾取、酷使してやまないことは、自身が被害を受けるだけに、いちばんよく知っていた。

それでも、そうした建前で秩序が保たれ、士大夫の社会的な優遇が決まってしまう以上、「庶」はどれだけバカにしていようと、士大夫たちを「士」として利用せざるをえない。利用した以上は、消極的にせよ、「庶」も科挙を支持していたわけである。このように地域の社会がこぞって、科挙の制度と「士」「庶」の階層を固定化させてゆく。

隔たりゆく「士」と「庶」

それでも「士」「庶」の階層は、一定不変だったわけではない。「士」「庶」という枠組に大きな変化はないものの、両者それぞれの内容、たがいの距離と関係は、時期によって、必ずしも同じではなかった。そのプロセスに、中国の政治と社会がいかに変遷、転換してきたかも示される。

唐宋変革で成立した士大夫は、新興のエリートである。しかも宋代は、興起擡頭《たいとう》したての時期だった。それだけにエリートも溌剌《はつらつ》としている。新しい世を自分たちが作るのだ、という使命感と責任感があった。

范仲淹《はんちゅうえん》（九八九～一〇五二）といえば、一一世紀前半、副宰相にまでのぼった人物。宋代士大夫の典型・権化として知られ、「天下の憂《うれい》に先んじて憂え、天下の楽しみに後れて楽しむ」という名言をとなえた。四字熟語にすれば、すなわち「先憂後楽《せんゆうこうらく》」、後楽園という名辞の典拠でもあるこのフレーズから、天下の危難に率先して立ち向かおうとする、当時のエリートの自負・抱負がうかがわれる。そしてそこには、「士」「庶」を差別する「流品」が、不合理だと憎む正義感も、たしかに存在していた。

新たな「士」「庶」が、分かれはじめた時期にあたる。そのために、まだ両者の距離も近く、「士」は「庶」のことをよく知っていたとともに、共感同情する面も多かった。そこから当時の政治も、民間社会の機微にふれたものが少なくない。

王安石の新法

それを典型的に表現したのが、王安石《おうあんせき》（一〇二一～八六）の新法である。一一世紀の後半、神宗《しんそう》皇帝（在位一〇六七～八五）の信任をえた宰相の王安石は、経済・税制・兵制・官制など、あらゆる庶政におよぶ改革を断行した。かれは「流品の差別」を「弊法」だと断じて、

写真7　王安石
所蔵：故宮博物院（台北）.

古代には賢と不肖の区別はあったが、流品という貴賤はなかった。だから孔子のような聖人でも、庶民の身分だったし、そこから公卿に出世する妨げとはならなかった。後世に流品という差別ができると、庶民の身分で出世はかなわないし、いかに立身しても、自ら卑下して人並みの廉恥すらもとうとしない。

と言いつのった。発言ばかりではなく、実際

に「士」と「庶」の溝を埋め、その差別をなくすプランを立て、実行に移したのである。現代のわれわれからみて、すこぶる共鳴を覚えるところではある。

しかし現代日本人の常識・感覚は、「中国の論理」と同じではない。「流品」の差別がむしろ当然なのであり、当時すでに王安石・神宗が不合理とみなす方向に、勢いは滔々《とうとう》と傾きつつあった。神宗皇帝と大臣とのやりとりをみよう。

「新法は士大夫に不利かもしれないが、庶民にどんな不便があるというのだ」

「陛下は士大夫と天下を治めるのでありまして、庶民といっしょに天下を治めるのではありません」

答えたのは文彦博《ぶんげんはく》という老齢の宰相、「人心を失ってはなりません」ともつけくわえた。それが士大夫一般の本音といったところだろう。かれらからすれば、「人心」とはしょせん、「士」のそれでしかない。「庶」は「人」のうちに入らないのである。

結末は周知のとおり、新法党と旧法党との激しい争いになって、新法はそのなかで、士大夫の既得権益を侵すものだとして、葬り去られた。以後「士」「庶」はいよいよ隔たりゆき、両者を合一するような動きは、中国革命にいたるまで起こらなかったのである。それは千年におよぶ科挙の存続と軌を一にしていた。

「士」の分岐

「士」「庶」の乖離《かいり》はかくて、はやくも宋代に固まった。しかし以後、ただ一直線に距離がひろがった、というだけでは十分な説明にならない。

まず一三世紀、モンゴル帝国の支配で、新たな段階を迎えた。モンゴル政権が科挙を廃止したからである。漢人の儒者に頼らなくとも、施政を遂行できていたモンゴルの天子に、科挙とそれで登用される官僚は不要だった。

そもそも科挙は天子の主催する登用任官試験であるから、合格した士大夫は、天子・政府と直結する。「士」は「官」と一体だった。それがモンゴル時代に、いったん断絶したのである。士大夫になるべき知識人・有力者と政府との間には、一定の間隔ができ、「官」と「士」は必ずしも一体ではなくなった。これが第一の動向である。

それと同時に、第二の動向として、そうした人々は任官できなかったから、否応なく、在地の庶民と近づかざるをえない。「士」「庶」の隔たりが狭まったのであり、この時代にいわゆる「元曲《げんきょく》」や口語小説など、通俗文藝が盛んになったのも、こうした社会状況から説明されることが多い。

もっとも科挙の廃止は、永続しなかった。モンゴル政権の末期から復活し、一四世紀末、中華文明の復興をスローガンとした明朝の成立で、まったくもとどおりになる。そうすると、またぞろ士大夫と政府のつながりができあがった。しかしそれで、庶民と士大夫との接近が消滅したわけでもない。

じつは一四世紀から一五世紀というのは、世界史的にみても、大きな転換期である。東アジアでは疫病大乱ののち、明朝を中心とする秩序が成立した。「士」「庶」の合一をはかるのなら、この時期は千載一遇のチャンスだったかもしれない。戦乱後の民政の立て直し、経済の復興に向けて、社会の根柢《こんてい》にふれる施策も、たしかに実行されたからである。

しかしながら歴史は、やはり北宋時代と同じく、そうはすすまなかった。要因は大小さまざま、おびただしくあろう。そもそも「士」「庶」の合一など、誰も発想しなかった、ということもあったかもしれない。だが、あえて二つだけ、いっそう大きな原因をあげるなら、経済の発展・地域格差の拡大と政治力の貧困にある。しかもそれぞれ相い関連していた。

明清時代

一一世紀と当時を比べたならば、中国各地、とりわけ南方は大きく開発が進んで、人口比も南北逆転している。その分布もまちまち、したがって社会・経済も、各地の個性・特徴が形づくられる。

明朝の政府はこうした情況に対し、権力に任せた画一的な法令・政策を布いた。多くは各地の実情に鑑《かんが》みないものであり、かえって混乱をきたしたことも少なくない。強権的にみえる政府の実力はいたって貧困、もはや地方を掌握することはできなくなっていた。

一六世紀の大航海時代に入ると、そうした趨勢がますます顕著になっていった。実地の施策はむしろ、法令と現実の乖離に苦しみぬいた地方末端から提起され、最終的に当局の黙認する結果に終わったことが多い。一条鞭法《いちじょうべんぽう》や海禁《かいきん》の緩和など、明代の有名な幣制・税制の改革や対外政策の転換など、いずれもそうである。

そうしたなか、無力な政府に直結し、官僚に任じる士大夫がいる。これが「官」「士」一体の復活局面であり、そんな「官」はもはや、民間社会から浮き上がっていた。

明でも宋と同じように、激しい党争が起こった。ところが両者が決定的に異なるのは、その内容である。宋代の新法・旧法は社会に多大な影響をおよぼす政策であって、党争は曲がりなりにも政策論争だった。明代の東林党《とうりん》・宦官派の争いは、儀式・典礼と人脈を争ったもので、民間の社会には何の関係もない。「官」と「庶」、政権と社会の隔絶をよくあらわしている。

それに対し同じ士大夫でも、もはや無能で権力をふるうだけの「官」に背を向け、庶民に

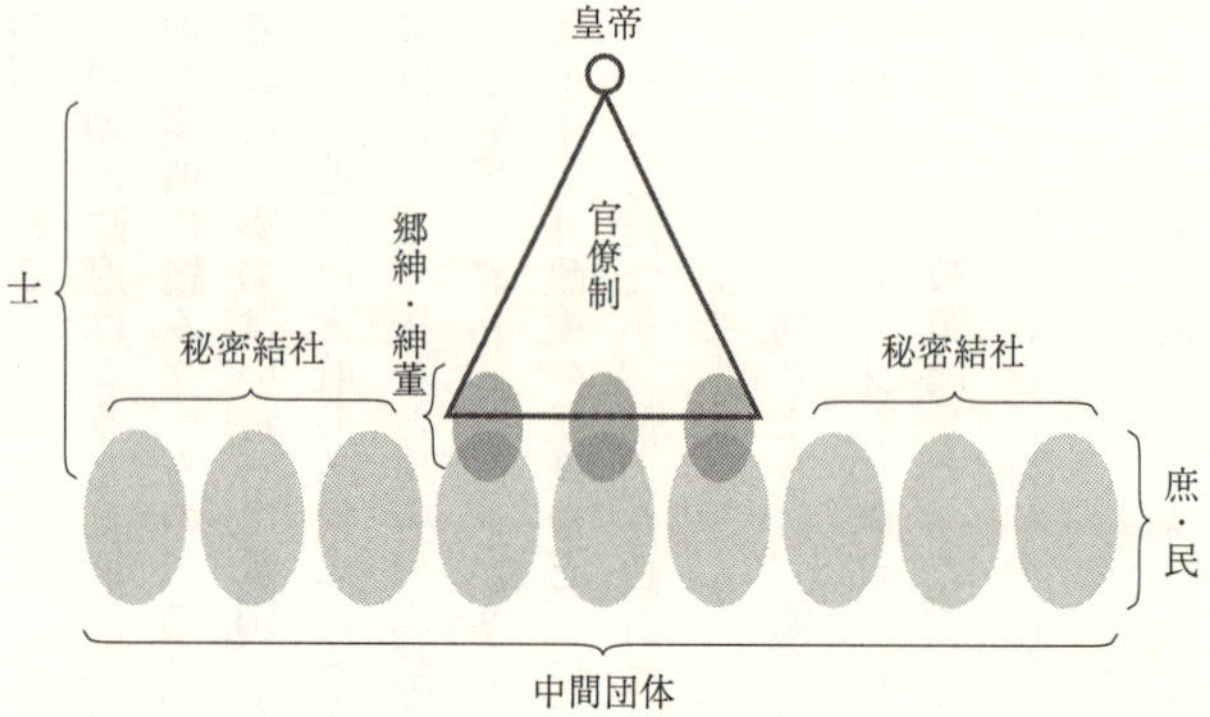

図表２　明清時代の社会構成
出所：岡本隆司『近代中国史』ちくま新書，2013年.

近づき、親しもうとする向きもあった。地域に根を張り、在地に勢力をもったこうした士大夫は、たとえば郷紳《きょうしん》などとよばれる。かれらを中心とする地域社会の勢力が、増大してきたのである。

かくて「士」の階層は、「官」の方向と「庶」の方向に分化した。これは明代中国の経済発展で、「士」「庶」の貧富の格差がひろがり、両者の懸隔がますます拡大したことに応じた現象でもある。「士」「庶」の全体的な枠組と差別・隔絶は定着しながらも、たがいの関係はむしろ多元的・多層的になってきた。

この形勢は一七世紀の清朝以降も継続する。清朝は基層社会に手をふれない統治だったので、むしろ以上の「官」「士」「庶」の関係は、安定して以後も変わらなかった。

体制の定着

その再生産の契機をなしたのが、やはり科挙である。在地のリーダーであり、なおかつ官界政権と連絡をとれる士大夫は、地域社会にとってかけがえのない重要な存在だった。そんな「士」を生み出す科挙の受験教育は、地域のコミュニティぐるみで組織化されると同時に、それが逆に地域結束の紐帯《ちゅうたい》ともなった。いわば、地域による地域のための事業だったのである。

その意味で、科挙は単なる任官試験ではない。王朝政権と地域社会を結びつけるよすがをなし、秩序を保つ役割を担っていた。千年つづいたゆえんであり、あえて「体制」と称するのも、そのためである。「流品」という差別意識、それにもとづく「士」「庶」という社会構成と「官」「民」の統属関係。この三者は貴族制の時代から、連綿と続いている。

もっともその内容は、同じではなかった。それまで「流品」を分かってきた門閥が、科挙に転換したのが、おおむね一〇世紀・唐宋変革。「士」と「官」が乖離し、「士」が分化したのが、おおむね一六世紀・大航海時代である。

画期はおよそ以上のようにまとめられるだろうか。中国政治社会のこうした構造とその変遷が、史実展開のバックボーンだったと同時に、二〇世紀の中国革命が克服すべきターゲットともなったのである。

III　世界観と世界秩序

1 「天下」という世界

天下と華夷

「中国の論理」を貫く時間観念と事実の整序は、史書が表現する。そこに厳存したコンセプトは、「正統」と「僭偽」という二重構造になっていた。政治を組織した社会構成の論理でいえば、その基本にあったのは、「士」「庶」あるいは「官」「民」という階層の乖離で、やはり二元構造である。

世界観の場合もやはり当然に、そうした二元的な構造論理が貫いている。それなら、「中国の論理」における空間的な範疇、いいかえれば対外秩序は、どのようなコンセプトになっているのだろうか。まず、いままでいう世界を意味した「天下」という漢語の検討からはじめよう。

「天下」ということばは、今や日本であまりにもポピュラーである。アカデミックな研究対象から、ラーメン店の屋号にまで、あまねく普及しており、身近であると同時に、意味のよくわからない漢語になってしまった。したがってここでは、その原初形態から論じなくてはならない。

「天下」とはそもそも文字どおり、「天」の下、つまり地上で人間の住む全世界という意味である。いま少し具体的にいいかえれば、天から「天命」を受けた「天子」が、天から委任を受けて、人間を治める範囲にほかならない。

ただ、それはどこでも同じ、一様だというわけではない。住む人間の種類によって、その「天下」は分類される。最も大きく分けると、「華《か》」「夷《い》」という二つの範疇になる。「天下」という単一の人間世界は、「華」と「夷」から成る、というのが古来中国の空間認識・世界観であった。

ひとまず「華」と「夷」といったけれども、いろいろな同義語があり、言い換えができる。ひととおりあげてゆくと、「華」「中」、二字に引き伸ばすと「中華」「中国」「華夏《かか》」、対は「夷」「蛮《ばん》」「戎《じゅう》」「狄《てき》」、二字なら「外夷」「四夷」「四裔《しえい》」「蛮夷」「夷狄」などなど。字面の意味そのものは、説明するまでもあるまい。

こうした物言いは、もともと単なる土俗的・習俗的な自己愛と他者への嫌悪・蔑視、自尊・差別の意識を表現したものである。これは古今東西、人なら誰でも持つ感情なのであって、何ら奇異とするにはあたらない。古代ギリシアの「バルバロス（他者）」が「バーバリアン（野蛮人）」に転化したのと同じである。

とはいえ、いつでもどこでも、まったく同一なはずはない。過去の中国にはやはり、中国なりの事情といきさつがある。

「華」「夷」の理論

「華」「夷」のような語彙観念が、秦の始皇帝以前にさかのぼって、どのようにできあがったのか。現在の研究水準なら、その形成過程をたどるのも、決して不可能なことではない。精細な影像を描くことだってできそうである。

けれどもそれは、必ずしも現在と直接には結びつかないし、また本書の紙幅、それ以上に筆者の力量に限りがあるので、そちらの専家にお任せしたい。ここではひとまず、その観念が一定の形にできあがっている漢代から、それもごく簡明なかたちで、説き起こすことにしよう。

もっともわかりやすく説明してくれるのは、紀元前二世紀、前漢の文帝（在位前一八〇～前一五七）につかえた賈誼《かぎ》という人物である。かれは当時なお体制イデオロギーの地歩を築いていなかった儒教の徒であり、そのゆえにかえって、オリジナルな観念を述べてくれているかもしれない。

およそ（中華の）天子は天下の首である、何となれば上だから。蛮夷は天下の足である。何となれば下だから。

「華」と「夷」から成る「天下」のしくみとその特徴を、端的にいいつくした一文であろう。わかりやすいように、「蛮夷」の対語の「中華」と補ってみたものの、天命を受けた「天子」だけで理解できるので、なくもがな、かもしれない。ともあれ、同じ「天下」のなかにあるその「中華」の「天子」と「蛮夷」とを、人体の部位にたとえるところが、何とも卓抜である。

ここまでくりかえしてきたとおり、抽象的な関係を個人・人間に還元、譬喩するのは、儒教はじめ、中国的な思考法・論法の習癖かもしれない。それで何もかもうまく説明できるとはかぎらないが、この場合は秀逸である。

「華」と「夷」とは、同じ身体の「頭」と「足」のように、それぞれが「天下」全体のパーツをなしているのであり、しかもその位置・機能ははじめから、先天的に定まっている。

上・下の位置関係であるとともに、まったく切り離されたものでもなく、その関係は分かちがたい。

「足」は下でフィジカルに支え、「頭」は上からメンタルにコントロールする。「足」が「頭」の思うようにならないことがあっても、それは決して本来のあり方ではない。「頭」と同体なのだから、いずれは「頭」の思うように動くし、そうあるべきだ、というわけである。

そこから考えれば、さきにあげた「四裔」という称呼もわかりやすい。「四」は四方、東西南北の意味で、「中」・中心の対である。「中」とは、外に対する内という平板な、ニュートラルな意味ではなく、唯一・中心であるので、それだけで上位にあり、価値が高い。その対をなす「四」は、周縁・下位に位置づけられる概念となる。「裔」という漢字はその念押し、本義は着物のすそ、の意味であるから、「頭」からみれば、身体の外・下の末端に位置する。「夷」といえば、そんなイメージなのであった。

そうはいっても、たしかに「頭」と「足」とは別のものではありながら、その両者に線を引いて分断することはありえない。人体でどこからどこまでが、頭か、足か、厳密には決められないようなものである。

だからもともと隣接する別の集団との関係は、「外」・四方にある、というだけで、下なのであり、そことの境界線も存在しえなかった。境界らしきものがあったとしても、それは必ずしも判然とはしない。たとえ時として明確なこともあるにせよ、任意容易に動かせるものなのである。

以上が古来よりつづく「天下」のプロトタイプ的な構造説明である。その大づかみな特徴も、これを手がかりに導き出せるだろう。

「天下」を分かつもの

では、何が「頭」と「足」、「華」と「夷」の分け隔てを決めるのか。その基準が「礼」の有無であり、まず特徴の第一をなしている。「礼」を持ち出したのは、もともと土俗的・習俗的な自他認識、差別意識にすぎなかったはずのものを、儒教の教義を用いて、理論・倫理の上で自他に納得させ、普遍化しようとした動機からであろう。

「華夏」とは「礼」の保持者・体得者であり、「夷狄」はそうでないもの、というのが簡明な色分けである。これが「士」と「庶」を分け隔てる基準と同じであることに注意されたい。個々の人々の垂直的な階層でいえば「士・庶」となるものが、集団どうしの空間的・平面的な関係なら「華・夷」というわけで、そもそもまったく同一の発想に由来する。平面的といっても、「頭」と「足」なのだから、上下関係が前提になっていることはいうまでもない。

それを語る典型として必ず引用されるのは、韓愈《かんゆ》（七六八～八二四）の言説である。かれは唐代後半の著名な文人で、唐宋八大家《とうそうはちだいか》の筆頭に数えられるが、それ以上に宋学・朱子学という以後の体制教学形成の先駆者と称すべき地位をしめ、尊崇の対象となってきた。そのゆえにこそ、この言説もみのがせない。

孔子の『春秋』を作るや、諸侯、夷の礼を用ゐれば則《すなは》ち之を夷とし、中国に進まば則ち之を中国とす。

すでにみたように、「礼」とは儒教の道徳・教義を実践するものであり、それができれば、「中国」＝「中華」になれるし、できなくて「夷の礼」になってしまえば「夷」にほかならない。同じ「諸侯」でありながら、「華」にも「夷」にもなりうるわけで、血統は必ずしも関わりない、というのがその理論の要《かなめ》である。

確かに「礼」の有無で、区別はある。それが現実に「首」と「足」、「上」と「下」、中と外を分け隔てる契機をなした。差別は差別である。けれども、それがまったく固定していたわけではないし、分岐も必ずしも先天的に決まってしまうものではない。「礼」の体得はおおむね、後天的なものだからである。そこには同じ「天下」という場にいる、同じ「諸侯」という主体である、という無差別の前提が厳存していた。

この差別・無差別の間を揺れ動いたのが、中国の対外秩序の時系列な展開だったといえよう。それを端的にあらわした成句としては、たとえば「華夷殊別《しゅべつ》」「華夷一家《いっか》」のようにいったりする。「華」「夷」を「別」のものとみるのか、「一」つとしてとらえるのか。こうした二つのベクトルは、中国歴代の政権がその対外関係をいかに構想するか、に密接に関わる問題だった。

そしてまた、それがあくまで理念・構想であって、現実とはひとまず異なる次元のものだったことも忘れてはならない。漢字・漢文・漢籍に慣れ親しんだ実直な日本人は、ともすれば、書いてあることを文字どおり、そのまま事実だと受け取りがちである。なまじいに意味がわかってしまうので、かえって騙《だま》されかねない。

「華」「夷」にまつわる言説と現実との隔たりを正確に測ること。いずれか一方だけでは、理解が曇る。それは古今問わず、中国と向き合ってゆく上で、重要たる課題を失わない。

2 「東アジア世界」の形成

時代区分と華夷関係

以上は「天下」のいわば理論的、原則的なしくみである。もとより時間の経過を考慮に入れていないので、実際はこのように一定不変ではない。実像をみつめるには、時系列的な動態、具体的な変化を加えて、目を凝らさなくてはならない。

その手引きになるのが、東洋史の時代区分である。東洋史学の草分けたちは、こうした「天下」のありようを、時代を分かつ基準の中核にすえた。

たとえば、桑原隲蔵《くわばらじつぞう》（一八七〇～一九三一）は「殷周」を「上世」つまり古代とし、「秦漢六朝唐」を「中古」つまり中世、「五代宋元明」を「近古」つまり近世とする。この区分の基準になったのは、「民族勢力の盛衰興替」であって、古代は「漢族膨張」、中世は「漢族優勢」、近世は「蒙古族最盛」とみなした。その後も「欧人東漸」として、近代をも視野に入れている。

これは「民族」という血統集団の、しかもいささか外面的な政治力・軍事力の消長を基準とした時代区分である。「国家主義」やナショナル・ヒストリー全盛の一九世紀末・二〇世紀初め当時では、いわば当然の発想だった。けれどもそれで、中国史のすべてにわたって説明するのは、なお十分ではない。

そこに「支那文化」というファクターをもちこんで、より合理的な理論にしたのが、内藤《ないとう》湖南《こなん》（一八六六～一九三四）だった。

> 支那文化発展の波動による大勢を観《み》て、内外両面から考へなければならぬ。一は内部より外部に向つて発展する経路であつて、即《すなは》ち上古の或《ある》時代に支那の或地方に発生した文化が、段々発展して四方に拡《ひろ》がつて行く経路である。宛《あたか》も池中に石を投ずれば、其《そ》の波が四方に拡がつて行く形である。次に又之《これ》を反対に観て、支那の文化が四方に拡がり、近きより遠きへ、其の附近の野蛮種族の新しき自覚を促しつゝ進み、其等《それら》種族の自覚の結果、時々有力な者が出ると、それが内部へ向つて反動的に勢力を及ぼして来ることがある。これは波が池の四面の岸に当つて反動して来る形である。

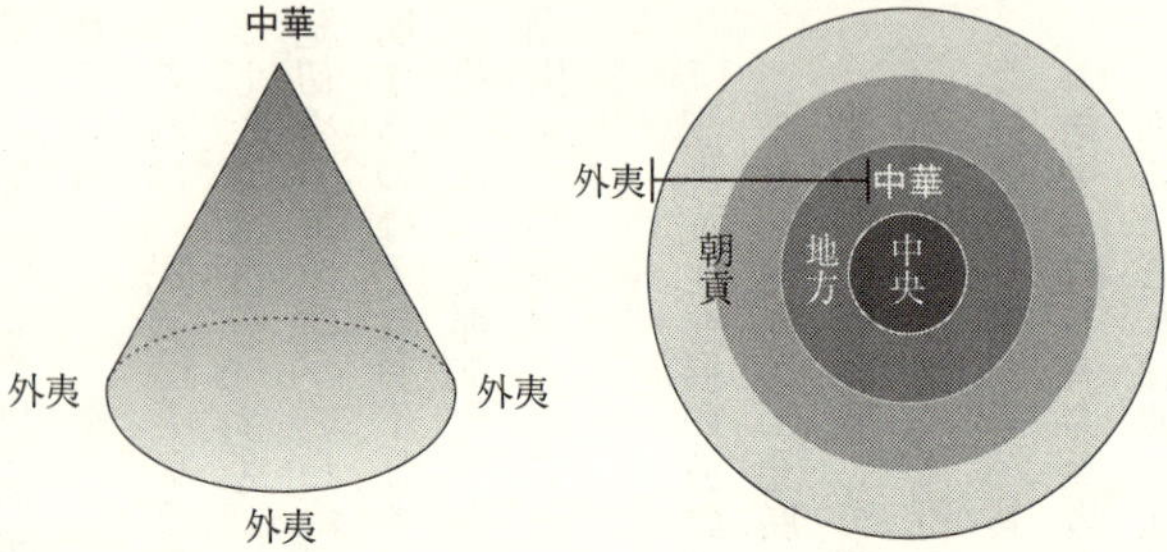

図表３　華夷意識

たんなる「民族勢力」ではない。「種族」集団は「勢力」の担い手には違いないものの、その能力・行動を変える契機をなすのは、「文化」の有無であって、その「波動」が東洋史を形づくる、という構想である。

その「支那文化」は、もとより儒教が中核をなす。その儒教の中核に「礼」があり、その「礼」が規定するのが、華夷の関係であった。

だとすれば、「天下」の動き、華夷関係の動態も、「支那文化」の区分する時代とともに「波動」する、すなわち石を投じた池中の波紋が寄せては返す、というありようになる。そんな世界秩序の形を図で示すなら、およそ図表３のような同心円として描けようか。

もっとも、描いたこの同心円は静止画なので、あくまである時点にしか実在しなかった「華」「夷」の関係である。別の時期・観点からみれば、それこそ観念上の形態・理念上の規範でしかない。現実の秩序関係はもっと複雑であり、時間の経過にともなう動きとして、あらためて別に考えなくてはならぬ。同心円モデルを念頭に置いて、「華」「夷」関係のダイナミズムをまずは、漢代から跡づけてゆきたい。

古代帝国の形成と解体

「華」「夷」の意識・観念はすでに、春秋戦国時代から存在しただろうし、その理論体系も秦漢時代に入るまでには成立していたであろう。

しかしその実際の範囲は当初、秦の始皇帝が統一した「天下」を出ることはなかった。つまり春秋の諸侯、戦国の六国を併せた政権の統治範囲である。それでも始皇帝は、唯我独尊の「皇帝」号を発案し、範囲外の四方に軍事行動を起こして勢威を張ったところ、「中華」観念の理想を実現しようとした努力はみられる。しかし秦は周知のとおり、併呑《へいどん》した旧六国の反撃を受けて、あえなく滅亡する。

秦を後継した漢王朝は、ふたたび唯我独尊の「皇帝」の位に即いた。しかしながら大乱の後をうけ、対外的に積極的な姿勢をとることは難しい。四囲をしたがえた皇帝＝「天子」＝「中華」という理念は、まったく実践できなかった。

北方の遊牧国家・匈奴《きょうど》とは、兄弟の約を結んだといいながら、高祖劉邦を城下の盟に追いこみ、圧倒的な優位に立った相手なので、実際は対等以下に見下された関係であった。また南方広東《カントン》に拠った南越《なんえつ》が、「夜郎自大」よろしく帝号を称しても、咎《とが》めることもなかった。とても唯我独尊とはいえないありさまだったのである。

「中華」の理想がそれなりに達成できたのは、武帝代（前一四一～前八七）である。このとき漢は匈奴を軍事的に圧倒し、南方をも併合して、版図が最大となった。同じ時期、華夷思想を中核とする儒教が優位をしめたのは、偶然ではないかもしれない。少なくともこうした対外的な動向と軌を一にしていたのは、確かである。ともあれ、行動と思想・現実と理念とがあいまって「中華」「華夷」の観念にもとづく秩序が、東アジアではじめて成立をみるにいたった。

前漢の武帝が築いたのは、「中華」の優位と「外夷」の服属という秩序関係である。当時の文脈・語彙でいえば、前者は「漢」人、後者は「胡」人であり、ここでもそのタームを用いたい。のちの「五胡」につながるからである。こうした秩序は、後漢に入っても回復、安定して維持され、平和が続いた。

「胡」とよばれた人々は、もともと多くは中国の西方・北方で、遊牧や狩猟を生業にして、独自の生活様式をもっていた。ところが「漢」との戦争以後、強制的あるいは自発的、いずれにせよ中国内に移住するものが増加してくる。

そうなると、実地に接触する両者の関係も、かわらざるをえない。「漢」の優位と「胡」の帰服は、いつしか後者が前者の頤使に甘んじる全くの従属関係になってしまい、「胡」の人々の境遇はどんどん零落していったのである。もちろん両者の間には、険悪な局面が増えてきた。

「胡」の内地移住は、三世紀のはじめ、三国時代を経ても衰えず、二八〇年の西晋《せいしん》の統一以後も、その趨勢は変わらなかった。しだいに摩擦が大きくなってきたのを危惧《きぐ》し、「胡」族を原住地に戻そうとすら主張する意見も出てくる。

「胡」「漢」の平和な関係は、したがって永続しなかった。三世紀末、西晋の皇位をめぐる宗室間の争い「八王の乱」が勃発《ぼっぱつ》する。諸王は権力を握ろうと、剽悍《ひょうかん》な「胡」族を軍事力として利用し、凄惨《せいさん》な戦いをくりかえした。

「胡」族の利用は曹操以来のやり方で、この時はじめてのことではない。しかし中国内に定着していた「胡」族は、これを機に結束崛起し、自らの政権を樹立しはじめる。三〇四年に山西省《さんせいしょう》で自立した匈奴の劉淵《りゅうえん》は、その最たるものだった。

その果てに起こったのが、永嘉《えいか》の喪乱である。中華王朝の晋が「胡」族の攻撃を受けて滅亡した。時に三一六年。

三国六朝という時代

以後、中華文明のメインステージ・「中原《ちゅうげん》」と称する華北は、「胡」族政権のこもごも割拠、支配するところとなり、戦乱も永くやまなかった。その主な「胡」族とは、匈奴・羯《けつ》・鮮卑・氐《てい》・羌《きょう》の五つ、かれらの建てた国が都合十六あったので、「五胡十六国」と通称する。五世紀に入って、その数々は鮮卑拓跋部の北魏に整理され、「北朝」となったものの、「胡」族政権であることに変わりはない。

一方、長江流域を中心とする南方、いわゆる「江南」は、晋室の南渡とともに、「漢」人の移住、開発がすすみ、そこで政権も維持される。やはり五世紀に、晋から宋（四二〇～四七九）に王朝が交代し、いわゆる「南朝」になった。以後百年の間に、いくつもの王朝が交代するけれども、政権の本質はほぼ一貫して変わっていない。

いずれにしても、以後の中国は「胡」「漢」あるいは「南」「北」の二元体制と化し、政治・経済の分立・ブロック化が進行してゆく。その相剋《そうこく》と統合が、中国史の主旋律をなしており、「胡漢」「南北」を多元化と読みかえれば、あるいは現代の中国まで連綿と続く趨勢なのかもしれない。

それはともあれ、この時期・いわゆる三国六朝をわれわれは普通、分裂時代と称している。しかしその物言いは、「中国」とは統一体であるべきだとする特定のイデオロギーの産物にほかならない。それは「一つの中国」という言辞で、現代をも支配している。

当時はむしろ小さなブロックが各々自立したことに、経済的・政治的な合理性をみいだすべきであって、「胡漢」「南北」の相剋も、古代帝国以来の世界観と秩序関係が立ちゆかなくなったことの証である。それに代わる新たな秩序関係が、すぐにできあがれば苦労はしない。容易に構築できなかったからこそ、割拠擾乱《じょうらん》をまぬかれなかった。それは新たな政体と秩序を生み出すために、必要な陣痛にほかならない。

主役は「北朝」である。「胡漢」のるつぼとなった華北では、「胡」と「漢」はあらためて、互いと自分に向き合わねばならなかった。それぞれの長所短所をみきわめ、役割の分担を模索する。その試行錯誤のすえ、武略にすぐれた「胡」が、文化にすぐれた「漢」と共存できる政体をつくりあげた。両者一体となって中華文明を支持し、「胡漢」からなる「天下」に君臨する、という体制である。

「胡漢」の種族的差別の上にたった古代帝国とは異なる世界秩序が、こうしてようやく形をなした。三世紀から六世紀の三国六朝を経て、「北朝」から出た隋・唐が、南北を一つにまとめたのは、そんな「胡漢」共存の実現を意味するものだったのである。

唐の性格と「東アジア世界」

隋・唐は日本にもゆかりの深い王朝政権である。遣隋使・遣唐使は日本人が歴史を学ぶさいに必ず登場するし、実際に日本という国家の形成に、大きな位置を占めている。南北朝を統一した隋唐は、四囲に勢威をとどろかせた大帝国として知られる。もとより中国史でも重要であって、日本史上の意義に勝るとも劣らない。そしてこの日本史と中国史の動きはまったく別のことがらではないとみるべきである。

日本列島は漢王朝の時代、かすかに記録が残るほどしか、大陸との交わりがなかった。ところが、南北朝から隋唐のころには、政権国家として関係をもちはじめたことが、はっきりとわかる。つまりそれは、日本という国の黎明《れいめい》を意味すると同時に、漢よりも中国がひとまわり大きくなったことのあらわれでもある。

それは海の向こうの日本だけではない。より近接した朝鮮半島や北方の遊牧民にも、同じ事情があてはまる。

漢王朝はつとに半島や西域に勢力を伸ばしていた。しかしその伸ばし方は、やはり中国内地の延長・拡大である。周辺を内にとりこんだ結果、破綻《はたん》したのが「五胡」の騒乱だったし、外との関わりでみても、直接的な支配従属でなければ、公然たる敵対の関係が多くを占めていた。唐は必ずしもそうではない。周辺に対する磁場・引力は、むしろ唐のほうが勝っていたとみてもよいのである。

事実上の唐の建国者、第二代皇帝・太宗李世民は、「貞観の治」を実現させ、内外に平和をもたらした名君といわれる。多分に眉唾《まゆつば》なこの評価は、しかし新たな時代の一典型を示した、という意味では正しいかもしれない。

唐室は隴西《ろうせい》の李氏という漢人の名門貴族と自称した。もちろん虚偽である。すでに述べたとおり、当時の漢人貴族からは蔑視されるような家柄で、ほとんど胡族、鮮卑にひとしい。

唐というのは、そのように「胡漢」どちらとも見え、いずれでもありうるような天子・王朝が、「南北」を打って一丸にした政権なのであって、なればこそ、さらに四囲の異族とも親和性を有して、その版図・範囲は大きなひろがりをもちえた。太宗・李世民が漢人・中華の天子・皇帝であると同時に、遊牧国家の頂点・「天可汗《てんかかん》」でもあったのは、そうした事情をよくあらわしている。

この唐の磁場が、多かれ少なかれ、文化的にもひとつの大きなまとまりを有する圏域となった。これを学界では、「東アジア世界」と称してきた。とりわけ漢文・律令《りつりょう》制など、文化・制度の根幹に大きな影響を受けた朝鮮半島や日本列島とのつながりを重視した言い回しである。

東方の半島・列島がひきつづき、中国の強い引力を感じつづけたのはまちがいない。ただ唐の磁場・「胡漢」の世界は、それだけにはとどまらなかった。長安《ちょうあん》からみれば、むしろ北方・西方の影響のほうが強いだろう。石田幹之助《いしだみきのすけ》（一八九一〜一九七四）の『長安の春』に描くとおりの世界であって、日本人の誤解しがちなところである。

「冊封体制」

以上の時期、紀元前の二世紀から八世紀、漢から唐にかけての国際秩序を、しばしば「冊《さく》封《ほう》体制」と称する。これは日本人がそれまで、日本を中心に「古代」の東アジアと中国をみてきた、旧来の自己中心的な歴史観の転換をめざした視座だった。

「古代」の東アジアには、中国を中心とする世界秩序が厳存し、日本はあくまでその周辺の一部を構成していた、というのは、今ごくあたりまえの歴史像であろう。しかしこれは「冊封体制」論にもとづく研究で、ようやく定着したものなのである。

そのしくみはたとえば、新羅《しらぎ》の例がわかりやすい。唐は六六八年、遼東《りょうとう》から朝鮮半島におよぶ大きな勢力を誇った高句麗《こうくり》を滅ぼした。その故地を九都督府《ととくふ》・四十二州に分け、もとの首都平壌《ピョンヤン》を占領し、そこに安東都護府《あんとうとごふ》を置く。ところが、半島東南の新羅が、平壌の唐の勢力を駆逐して、半島を統一し、唐の出先・安東都護府は、遼東にまで退くことを余儀なくされた。ただし新羅は、唐からまったく離反離脱したわけではない。新羅の君主は唐から

「楽浪郡王」という官爵を授けられて、貢ぎ物をもって朝観する義務を負った。これを「冊封」という。

新羅は実質的に独立国でありながら、形式上は唐に臣従する形をとったわけである。唐からみれば、自立した諸勢力の存在を認めながら、同時に自らの優位を認めさせて安定した関係を作り出す。こうした関係のありようの総体は、長らく「冊封体制」と呼ばれてきた。そうしたコンセプトで把握することで、東アジア古代の国際関係は体系的に理解されるようになったのである。

もっとも「冊封」とは、皇帝が冊書をもって、諸王や諸侯などを任命する、ごく普通の政治儀礼行為であって、「夷狄」の首長に対する王爵授与にも、それが適用されただけのことである。別に漢代・唐代ばかりのものではなかったし、必ずしも特定の「体制」や「秩序」を保証するものでもない。

さらにいえば、同じ「冊封」という行事でも、「華夷」「胡漢」の関係が同じではない漢と唐では、意義づけは多かれ少なかれ異なる。しかも関係のもちかたは、何も「冊封」に限らなかった。それをひとしなみに「冊封」という概念でくくっては、あらぬ誤解をまねきかねない。現在の研究は「東アジア世界」「冊封体制」という既成概念を超えて、「華夷」「胡漢」の関係をいっそう長期的に、かつダイナミックにとらえようと模索している。

3　「華夷一家」の名実

唐末五代

いずれにしても、こうした唐中心の世界秩序は、玄宗皇帝の治世・八世紀前半を安定のピークとして以後、急速にくずれてゆく。その転機はもちろん、七五五年に起こった安史《あんし》の乱であった。これも「胡漢」「華夷」の関係が変化した結果にほかならない。

安史の乱は読んで字のごとく、安禄山《あんろくざん》と史思明《ししめい》という人物が起こした騒乱、いずれも「胡人」、イラン系ソグド人の将軍である。いわゆる律令制・府兵制の崩潰とともに、唐の軍事力は募兵制に転じ、その基幹はすでに、中国内に移った突厥《とっくつ》・ウイグルなどトルコ系の遊牧民が担うところだった。乱の根源はそこにある。

いっぽう同じ時期、唐の政権は党争の劇化、宦官の専横などが常態化し、従来の漢人王朝的な色彩を濃くしてきた。軍事勢力が「胡人」化していったのと、さながら反比例するかのようである。

そのため騒乱じたいは収まっても、軍事勢力は各地に残存し、唐の中央政府が掌握、統制するのは難しかった。地方の勢力は自立割拠の傾向を強め、しばしば唐のコントロールを離脱して、公然と反旗を翻すことも少なくなかった。こうして中国は以後、戦国さながらの時代に入る。

中国内のみならず、外国との関係でもそうだった。新たに長城外の遊牧民に君臨したウイグル、チベット高原で勃興し、大きな勢力を保持した吐蕃《とばん》が、唐に圧迫を加えている。劣勢になりがちな唐は、平和な関係を維持するため、たえず神経をとがらせた。

そうした唐の周辺・地方の強大化と並行して、中国内の生産力向上、経済発展がすすんだ。両者は社会経済的にいえば、根柢で深い関連を有していた現象にちがいない。中国内の、たとえば金属・鉄器の生産力が上がれば、それが兵器・装備となって、遊牧国家の軍事力を高めるからである。「華」と「夷」は決して水と油、まったくの矛盾した存在ではありえなかった。

けれども政治的思想的には、往々にして、反撥という逆の現象があらわれた。すなわち「胡漢」の相剋、あるいは「華夷」の差別である。唐が一体化したはずの「華」「夷」は、内外を通じて、ふたたび乖離をはじめた。時期的にいえば、とりわけ一〇世紀に入って、それがピークに達する。中国王朝の枠組でいうところの「唐末五代」時代にほかならない。

中央・地方ともに軍事勢力の隆替が激しく、政情は常に不安定だったし、相対的あるいは絶対的にも、周辺国家が強力になった。ウイグルの西遷後、長城以北を支配した契丹《キタン》が強大化したのは、その好例である。長城以南の地域、いまの北京《ペキン》・大同《だいどう》周辺の「燕雲《えんうん》十六州」を割取したのみならず、黄河《こうが》流域の中心部にまで侵攻し、漢人と殺戮《さつりく》をしあう凄惨な事態まで生じた。

いずれにしても「華夷」の関係・秩序は、それ以前の方法では保てなくなった。五代の乱世は手立てを模索しては挫折《ざせつ》した、そんな試行錯誤のくりかえしを意味する。

「澶淵体制」から「混一天下」へ

ひとまずの安定は一〇世紀も末になって、ようやくもたらされる。北方の黄河流域と南方の長江流域を統合した北宋政権は、君主独裁制を発達させ、ようやく長城以南・中国内の権力・政情を安定させた。契丹に拮抗《きっこう》しうる勢力がようやく成立したのである。

北宋はそれでも、東アジア全域のスケールで、契丹など周辺の遊牧国家に優越することは、とりわけ軍事力の点でかなわなかった。かたや契丹も、農耕世界の広域支配にはすでに失敗

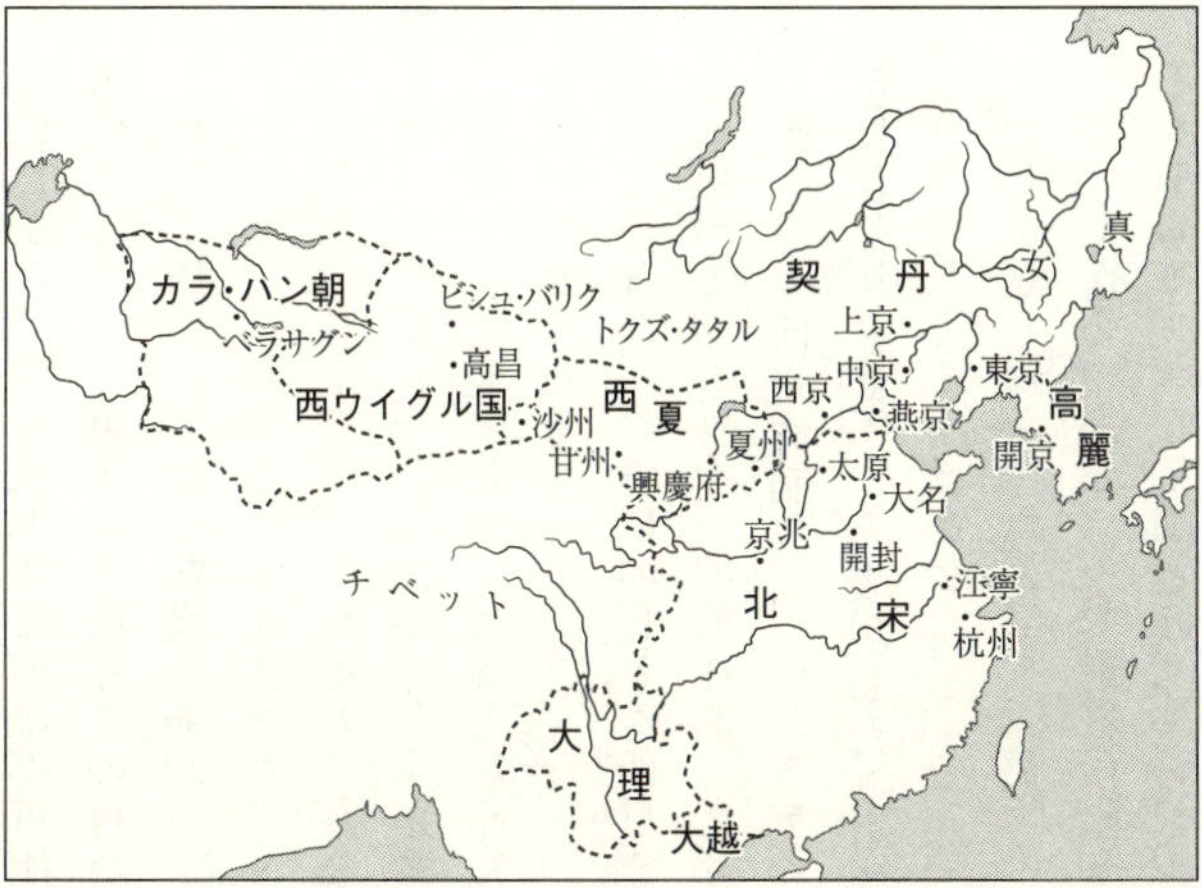

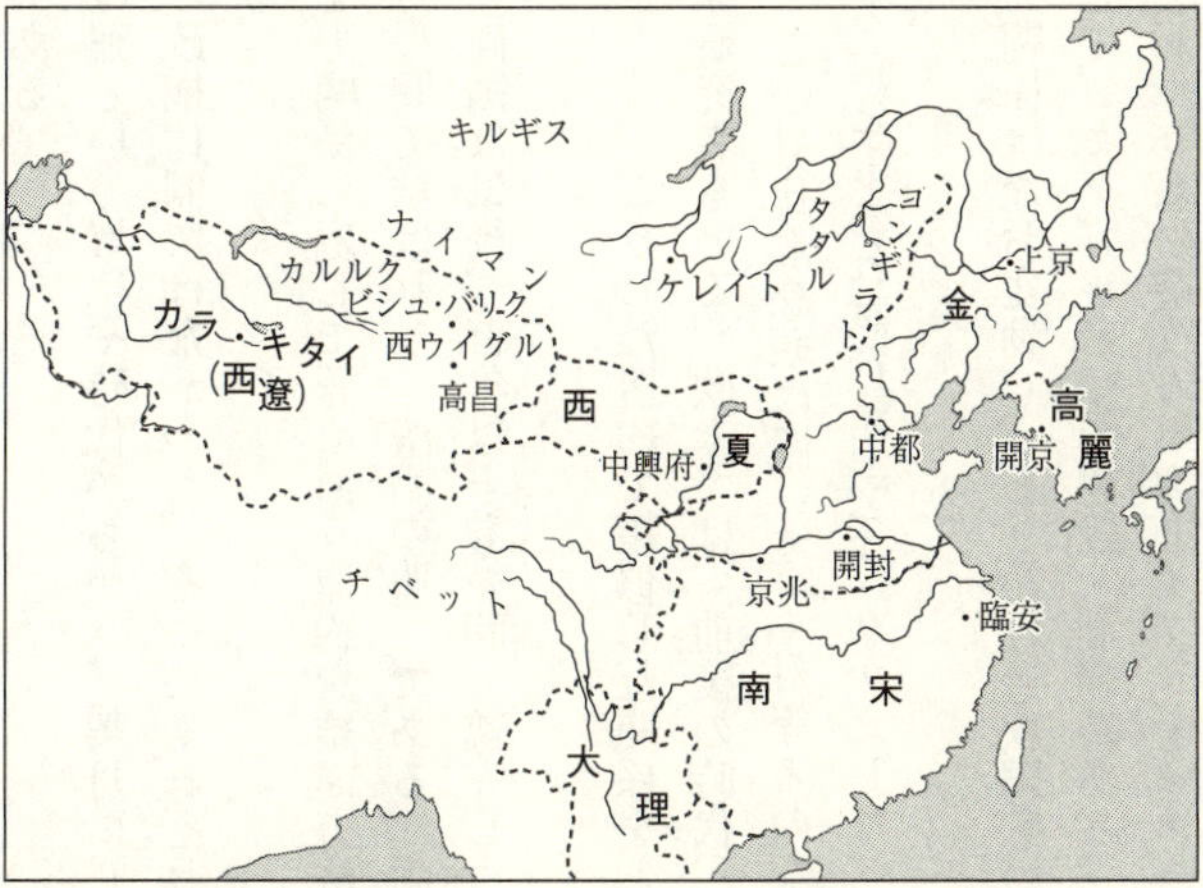

図表4　宋代の多国併存（上：11世紀，下：12世紀）

していたから、宋を圧倒するのは不可能である。

唐代のような「東アジア世界」の再現は難しい。もはや時代がちがう。契丹にしても北宋にしても、唐のような「胡漢」兼ね有する政権体制ではなかった。そこでそれぞれの体制を保ったまま、共存する必要が生まれてくる。

こうしてできたのが、それぞれの存在を力関係に応じて認めあう盟約を結ぶ方法だった。最も著名なのが、一〇〇四年に北宋と契丹の間で結ばれた「澶淵《せんえん》の盟《めい》」である。両者の関係を「兄弟」の間柄として、対等と定めた。両国は以後、百年以上もの間、遵守しつづけ、平和を保ったのである。

宋はこのほか、のちに興起した西夏《せいか》や金《きん》とも、こうした盟約で類似した関係をとり結んだこともあって、これを「澶淵体制」と呼ぶ研究者もいる。欧米では、前後の時代、上下の差別が勝った「冊封体制」「朝貢《ちょうこう》システム」との対比も念頭に置いて、「対等者のなかの中国(China among equals)」と表現したりもする。ともあれ試行錯誤をくりかえして、ようやくたどりついた方法ではあった。

しかし永続しなかった。「華」「夷」の力関係はなお変動し、とりわけ遊牧国家の強盛化が著しかったからである。その最終段階として、モンゴル帝国の建設・制覇がある。

そもそもモンゴル帝国とは、モンゴル・トルコ系の遊牧軍事力とイラン・イスラーム系の

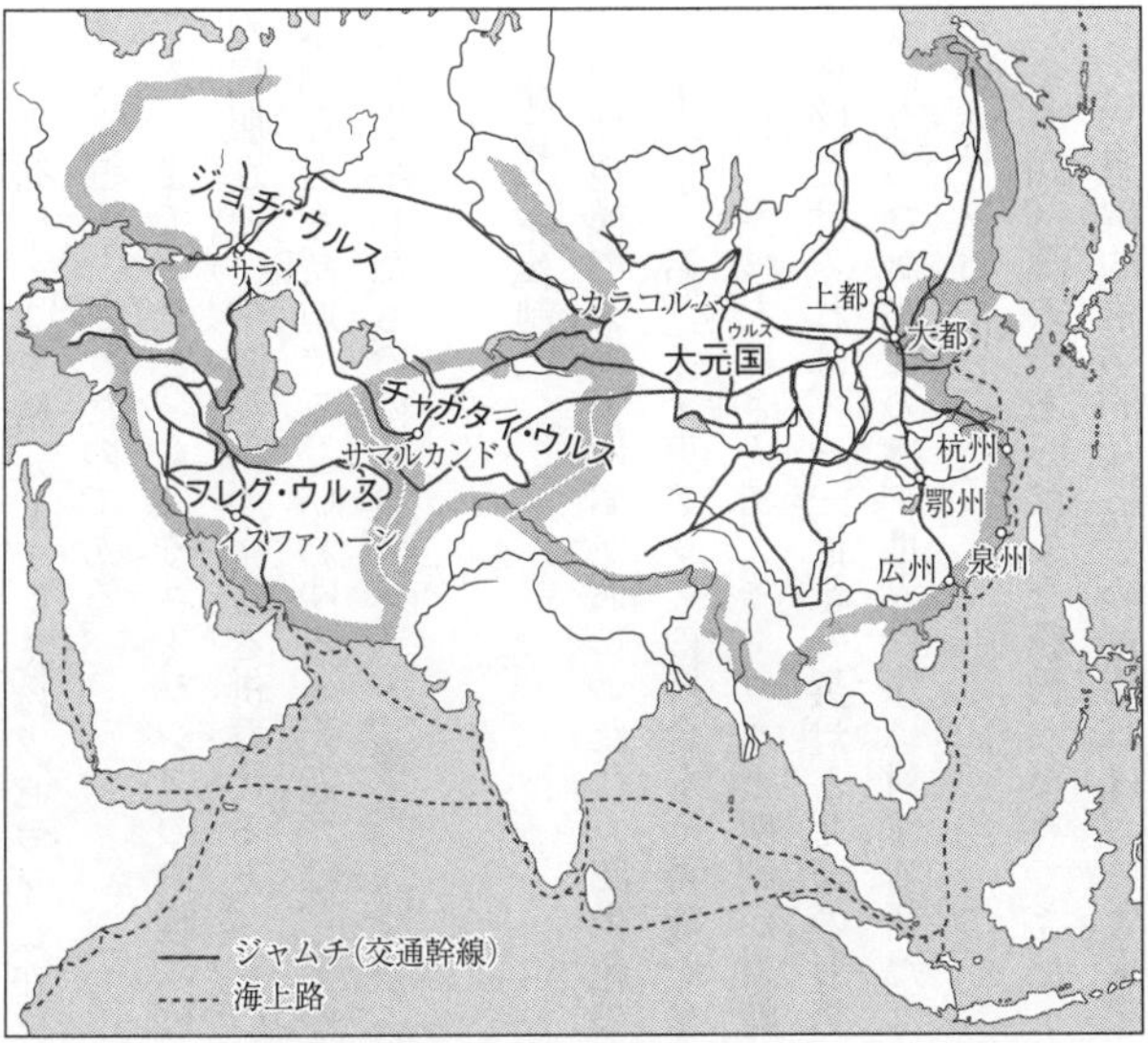

図表5　大元国時代の混一（13〜14世紀）

商業経済力が、中央ユーラシアの草原オアシス地帯で提携・合体した政権である。こうした結合じたいは、すでに契丹からみられるものの、なお散発的だった。それをユーラシア全域の規模にしたてあげたのが、モンゴル独自の達成である。軍事力・機動力に優越して、南隣の農耕世界に波状攻撃をしかけ、統治下にくみこんでゆき、ユーラシア全体を統合した。史上未曾有《みぞう》のことである。

北宋・契丹の対峙からはじまった東アジアの多国並立体制は、もちろんこのようなモンゴルによって、くつがえされた。唐の解体以来、分立を続けてきた「華」「夷」・南北はモンゴル帝国、より限定していえばクビライ（在位一二六〇～九四）の大元国《ウルス》に至って、ようやく「混一」されたのである。

そこまでいくと、もはやユーラシアの内陸にはとどまらない。クビライは朝鮮半島の高麗《こうらい》を屈服させ、中国江南の南宋を併呑すると、その沿海勢力をも接収して海上に乗り出し、日本列島とも邂逅《かいこう》する。いわゆる「元寇《げんこう》」は、その結末であった。日本人はそんな大元国の拡大を拒絶したものの、東アジア・「華夷」統合の趨勢は、モンゴル以後もひきつがれてゆく。

「朝貢一元体制」

地球規模で天災・疫病がおこった「一四世紀の危機」のなか、モンゴル帝国が解体すると、「天下」の「混一」・東アジアの統合も、再編を余儀なくされた。一五世紀以降、政権勢力としては、長城をはさんで、モンゴルと明朝が対峙する形になった。

地図だけみれば、一一世紀の契丹と北宋の形勢に似ている。けれども、これがかつてのようにならなかったのは、世界秩序に対する新たな通念ができあがり、その体系化がはかられたからである。

その間、漢人のあいだで一般的になってきたイデオロギーは、朱子学である。儒教を革新して、思辨的哲学的ならしめたそれは、いまも東アジアの思惟《しい》構造に大きな影響を及ぼしている。対外秩序の側面でいえば、宋代の「澶淵体制」、換言すれば「夷狄」たる遊牧国家の強大化という現実にあたかも抗うかのように、ことさら「華夷」の差別を強調し、「攘夷《じょうい》」をとなえる考え方である。少なくとも現実の対外関係では、そのように作用した。

一四世紀末、モンゴル帝国が解体し、漢人王朝政権の明朝が分立する。その明朝の存在理由を示すのに最も都合がよかったのが、この朱子学的な「華夷」概念だった。中華文明をつくりあげてきた漢人を「中華」、そうでない周辺の種族を「外夷」として、モンゴル人の政権を克服した、というのはまさしく「攘夷」の思想にあてはまる。明朝とその治下の漢人じしんにとって、わかりやすい上に、自尊心を満たしてくれるものでもあった。

だからといって、明朝は現実にあらゆる「攘夷」を断行できるほど、軍事力政治力が優越していたわけではないし、それを自覚しないほど、リアリズムが欠如していたわけでもない。そこで案出したのが、朱子学的な「華夷」概念にともなう「朝貢」儀礼を、貿易・交流の統制とくみあわせて、世界秩序を構築する方法である。

「朝貢」とは臣下が君主のところへ貢ぎ物を持参して挨拶《あいさつ》にくることだから、それだけで上下関係の表明にひとしい。貢ぎ物には必ず返礼があって、莫大《ばくだい》な下賜品を与えるだけではなく、その臣下の地位を安堵《あんど》してやる。周辺国ならその国の国王に任命するわけで、その任命行為がすでにみた「冊封」であり、「朝貢」と対をなしている。

万里の長城が南北の往来を遮断すべく、現在の壮大な構築物となったのは、明朝のときである。さらに明代は、厳重な海禁が布かれて、海外との交通がほとんどできなくなった。いわば長城線と海岸線が、内外を分かつ結界を意味した。

明朝政権はその内外のあらゆる交流・関係を制限、統制し、「朝貢」儀礼とそれに附随する活動だけに限った、いわば「朝貢」に一元化したのである。そのため、これを「朝貢一元体制」と称する研究者が多い。

「倭寇」の時代

この「朝貢一元体制」は生産の技術・物量に優越する明朝が、それを利用して相手に「朝貢」、臣属を余儀なくさせる方法である。周辺国としては、絹や陶磁器など、渇望する中国の特産品を得るためには、明朝に「朝貢」をして臣礼をとらなくてはならない。こうして「華」と「夷」という君臣尊卑の関係を生成し、「中華」たる明朝の自尊という朱子学イデオロギーに合致した秩序になるわけである。われわれが考える横並びの「外交」なるものは、そこに存在する余地はない。

この制度設計はあくまで、「華」「夷」の統合をめざすものだった。永楽帝《えいらくてい》（在位一四〇二～二四）の事業が典型的である。一五世紀のはじめに君臨したかれは、「華夷一家」を標榜《ひょうぼう》した。「朝貢一元体制」をいっそう推し進め、誰の目にもわかるように「夷」を隔絶したうえで、「華」の下に従えようとしたのであり、海外には鄭和《ていわ》の遠征、内陸ではモンゴル親征を敢行したのも、その事業の一環である。「華」「夷」を差別し、その上下の結びつきで「一家」に擬《なぞら》えた世界秩序を構築しようとしたわけである。

周辺諸国から「朝貢」として貢ぎ物を受けた明朝皇帝からは、必ず返礼の賜り物がある。またその儀礼に附随して、若干の交易も許された。そのため「朝貢貿易」と呼ぶこともある。しかし差別・上下の関係、あるいは決まった相手を指定する制限統制は、有無相通じる貿易取引には、どうしてもなじみにくい。

一五世紀がおわるころには、中国内は「一四世紀の危機」から復興をとげ、経済も活況に転じていた。世界全体でみても、大航海時代が始まっている。絹・木綿《もめん》・磁器・茶などの中国産品を外国側が渇望し、銀を中国側が需要して貿易もさかんになった。

それでも明朝は、「朝貢貿易」以外に対外的な交通・交易を公認しようとはしない。必然的に密貿易になる。取締・弾圧が実践強化されれば、内外の貿易業者は武力に訴えてでも、抵抗せざるをえない。だから沿海・長城の近辺では、大なり小なり紛争がたえなかった。

そんな貿易相手の第一は、日本である。時に戦国時代、日本も急速な経済成長をとげて、やがて「近世」という時代を作り出す。その原動力のひとつが大陸との貿易だったから、沿海の紛擾も日本との関係が主であった。いわゆる「倭寇」である。

しかし明朝当局と密輸集団の武力衝突事件なら、もとより日本・沿海だけに限らない。密貿易はやがて北方でも、遊牧民との隔絶をねらった長城を突破する。南方沿海と同じく紛擾がやまず、対立は劇化し、モンゴルの侵攻、北京包囲にまで発展した。

南北の結界はこうして破られ、明朝は外患に苦しんだ。国初以来の「朝貢一元体制」に執着したあげくの結末である。南北で事実上、交易を部分的にみとめる措置をとったため、一六世紀末に事態はやや鎮静化したものの、抜本的な対策にはならなかった。

明清交代

明朝を北方から脅かしたのは、モンゴルだけではない。のちの歴史を決定づけたのは、むしろその東方に存在した。ジュシェン（女真／女直）というツングース系の種族である。

朝鮮半島に北隣する遼東地方から、ロシアの沿海州にかけて居住し、半遊牧半狩猟の生活を営んでいた。一二世紀、にわかに勃興して金王朝を建て、契丹と北宋を滅ぼし、華北を領有して、南宋と対峙したこともある。一三世紀、モンゴル帝国に滅ぼされたのちは、明朝に帰服していた。

一六世紀になると、そのジュシェンも例に漏れず、長城近辺の貿易ブームにまきこまれてゆく。高麗人参《こうらいにんじん》や貂皮《ちょうひ》が特産で、南に明朝や朝鮮と、西にモンゴル人と隣接する遼東地域の部族が、武装貿易集団を形づくった。そこに英雄ヌルハチ（一五五九～一六二六）があらわれる。

一五八三年、わずかな勢力で挙兵したヌルハチは、およそ三十年をかけてジュシェンの諸部族を統一、一六一六年に即位する。ジュシェンは自らマンジュ（満洲）と改称し、貿易相手だった漢人・モンゴルを包含する多種族の混成政権を樹立した。ヌルハチの後を嗣いだホンタイジ（一五九二～一六四三）が一六三六年、皇帝に即位して清朝を建国したのは、その帰結である。以後、明朝が滅んで清朝が北京に入るまで、長城をはさんで明・清の対立が続いた。

清朝はこのように、武装貿易集団であり、なおかつ漢人を含む多種族から成る政権だった。したがって商業を忌避し、「華」と「夷」・漢人と異種族・中国と外国を隔絶、分断しようとした明朝の秩序体制とまったく相反した、アンチテーゼ的な存在なのである。相容れないのも当然だった。

一六四四年、明朝が流賊《りゅうぞく》・内乱で自滅すると、清朝が長城を越えて、中国に君臨する。当時、清朝の総人口は多く見積もっても五十万、長城以南の明朝は、一億を下らなかったから、総合的な勢力はいかにも隔絶していた。にもかかわらず、明・清の交代が起こったのは、明朝のアンチテーゼともいうべき清朝政権の体質が、より時代の趨勢にふさわしかったからである。

多元的な「華夷一家」

以後、清朝は興隆の一途をたどる。一八世紀のはじめに、モンゴル・チベットを帰服させ、半ばには新疆《しんきょう》を版図にくわえた。そこでようやく拡大がやみ、その範囲をみわたせば、パミール以東の広大な東アジア全域を覆っている。元来が多種族の混成政権だった清朝なればこそ、実現できたことだった。

内陸アジアでは、モンゴルと一体化して、その精神的支柱だったチベット仏教を尊重することで共存体制を打ち立て、漢人に対しては、明朝以来の皇帝制度を踏襲することで君臨した。それぞれに即応した多元的な統治で、一つの世界秩序を構築したのである。

さらに隣接して外側にひろがる世界も、多元的という点では、まったく同様だった。朝鮮や琉球《りゅうきゅう》など、明代以来「朝貢一元体制」を受け容れ、それに慣れた周辺国には、従前の関係をそのまま継続している。その一方で、日本や西洋諸国などには、現地の取引だけですませる「互市《ごし》」という方法を新たに採用した。幅広い貿易取引の障碍《しょうがい》になって紛争をひきおこしかねない制約を省いたものである。これも多元的な秩序体系を併存させる意思・能力をそなえた清朝ならではの方法だった。

清朝政権を盤石にした第五代皇帝・雍正帝《ようせいてい》（在位一七二三〜三五）は、「華夷一家」というスローガンをかかげた。三百年前に永楽帝が言い出したものと、字面は同じである。しかし内容は、決して同一でない。永楽帝は漢人を「華」として、あくまで「夷」と隔絶、差別する二分法的な原理を実践しようとした。その事業は失敗におわっている。それに対し、満洲人たる雍正帝は「華」を漢人に限定せず、才徳のあるものと措定《そてい》して、清朝の君臨・統治を正当化した。それは前代を越える善政と版図拡大という実績に裏づけられ、清朝を中心に多元的な東アジアが共存できる世界秩序を表象したのである。

しかしその「華夷一家」は完成した直後から、動揺が静かにはじまっていた。一八世紀も後半になれば、西欧はすでに産業革命がはじまり、世界経済の時代になっていた。東アジアも、それとは無縁ではない。それどころか、産業化のトップを走っていたイギリスは、中国から莫大な量の茶を買い付けた。その経済的な影響はやがて、清朝内外の秩序体系をも左右する。

そんな力量を有したイギリスの挙動は、「互市」のフィールドにおいてであった。いうまでもなく西洋の近代は、東アジアとは異なる世界秩序を有している。いわゆる国際関係であって、これは主権国家の対等な併存を前提とする点、「華夷」という上下関係を基軸とする東アジア在来の世界秩序とは、相反するものだった。

かたや朱子学的な「華夷」意識は、漢人の中でなお健在である。清朝・満洲人は自らに向けられた「攘夷」思想の修正には成功したけれども、「華夷」意識そのものの根絶はかなわなかった。むしろ清朝じしんが、その「華夷」意識、「攘夷」思想に染まりつつある。西洋近代と対峙した一九世紀は、異なる世界観・世界秩序が衝突する激動の時代となるのであった。

Ⅳ　近代の到来

1 「西洋の衝撃」と中国の反応

マカートニー使節

かくて中国・東アジアは一九世紀を迎えた。この時代は「中国の論理」が西洋近代に直面して、転換をとげてゆく過程にほかならない。それはここまでI・II・III章に述べてきた時間観念・社会構成・世界秩序のそれぞれで生じたことであり、その結果、現代の中国が誕生する。

しかしながら、すべてが同時に、また一様に起こったわけではない。たがいにタイムラグがあり、深浅もまちまちだった。

ごく単純にいってしまえば、I章とII章の観念・社会というエリアでは、変化が容易に起こらなかったのに対し、III章の世界秩序では、論理の相剋と破綻をきたした。そこを起点に

写真8　マカートニーの乾隆帝への謁見．イギリスで1792年，実際の謁見前に想像で描かれた諷刺画で，当時の中国イメージの一端をあらわしている
所蔵：東洋文庫．

中国が自らの姿を次第に、やがて全面的にあらためてゆく、というシナリオになろうか。その過程をわれわれは近代化、中国革命と呼んでいる。

そのためこうした転換をみるには、第三の世界秩序からはじめるのが便宜であろう。まず縁遠かったはずの外国人に、登場いただきたい。イギリスが一七九三年、史上はじめて派遣した全権大使・マカートニー（一七三七～一八〇六）である。

イギリスは一八世紀の後半、すでに中国との貿易を大幅に伸長させていた。中国はその茶買付で、未曾有の貿易黒字と好景気を謳歌《おうか》していたのである。それはイギリスからみれば、貿易赤字なので、改善の余地が少なからずあった。マカートニー使節の派遣は、そんな貿易の規制緩和と中英の国交樹立を実現するのが目的である。

マカートニーは乾隆帝《けんりゅうてい》（在位一七三五～九五）に謁見を果たしたものの、その使命についていえば、まったくの失敗だった。乾隆帝はマカートニーに、イギリス国王ジョージ三世（在位一七六〇～一八二〇）あて勅命を下げわたしている。いわく、わが「天朝」は「外夷の貨物に頼る」必要はないのに対し、「天朝」所産の「茶葉・磁器・生糸」は、西洋に欠かせない必需品なので、「恩恵を加えて優遇」し、貿易をさせてやっているから、過分の要求など以ての外、「遠人に恩恵をあたえ、四夷を撫育《ぶいく》する道義をないがしろ」にする、との文面だった。物知らずな「外夷」・野蛮人に教え諭す口吻《こうふん》である。

そもそもマカートニー使節団は全権大使だから、西洋的な基準でいえば最も高位の使節、相応の礼遇があってしかるべきだった。ところが清朝側の待遇は、まったくの「朝貢」使節に対するものである。そこで「朝貢」使節のマナーである、皇帝に対する叩頭《こうとう》の礼も、実践しなくてはならなかったところ、さすがに宥免《ゆうめん》してもらった。あまりにも遠いところから来た「遠人」・野蛮人だから、ということで、これまた特別の「恩恵」ではある。

要するに、清朝では君臣こぞって、朱子学的な「華夷」意識一色だった。イギリスとの貿易は、それを極力排除したはずの「互市」カテゴリーにあったはずだが、そこにもすでに浸透していたわけである。多元的な秩序体系の併存がくずれつつあった兆候と見てもよい。使命は果たせなかった一方で、マカートニーたちは滞在中、清朝の実地調査にいそしみ、多くのレポートを書き残した。その統治が危機的な情況にあることを「ボロボロに傷んだ戦闘艦」にたとえており、その末路を正確に予言さえしている。

そして野蛮人の待遇を受けたはずのかれは、清朝の人々を「現代のヨーロッパ諸国民と比べると、半野蛮人となりはてている」と断定した。互いを野蛮人と見下しあっているわけで、東西双方の世界秩序は、もはや大きな矛盾をきたし、衝突をまっていたといえよう。

アヘン戦争

そのイギリスは、旭日《きょくじつ》の勢いである。東アジアも当然、それとは無縁ではありえない。一八世紀も後半に入って、世界経済が始動するなか、イギリスは本格的な工業化をはじめると同時に、中国からおびただしい量の茶を買い付けた。その経済力はもはや清朝の世界秩序をも左右するほどになっていたのである。

そうしたなか、イギリスは清朝の待遇そのものに不満をいだきはじめた。それは個別の関係や取引からはじまって、全体的な統治構造・秩序体系全体にも及んでいる。それを象徴するのが、アヘン貿易であった。

アヘンは麻薬であり、清朝でも当然、禁制品である。しかし当時のイギリスと世界経済は、その中国への売却を必要不可欠としたばかりではなく、「自由貿易」というシステムで、それを正当化しようとした。

清朝側でも秘密結社の密売人など、強力な受け入れ体制が厳然として存在している。双方あいまって、清朝が想定する対外秩序を掘り崩していった。

それを押しとどめようと奮闘したのが、林則徐《りんそくじょ》（一七八五～一八五〇）である。かれは時の天子、道光帝《どうこうてい》（在位一八二〇～五〇）の委任を受けて、アヘン貿易禁圧に乗り出した。しかし帝も林則徐もいかに善意で明察だったにせよ、世界観・秩序観では旧態依然、乾隆帝と選ぶところがない。さすがに有能な林則徐は、任に当たって相手のイギリスのことを知るべく、情報を集めて研究しはじめた。けれども実際の政策や態度は、「華夷」「攘夷」でしかありえなかったのである。

そして周知のようなアヘン戦争がおこり、その結果、一八四二年、南京条約が結ばれる。これは勝利したイギリスの主観としては、それまでの清朝との関係を改めて、西洋的な国際関係をとりむすんだつもりのものだった。

けれども当の清朝からすれば、依然として世界秩序のありようはかわらない。そもそも儒教的な理念・論法では、武力で勝っても、それは優越を意味しない。むしろ軽蔑、否認すべきことだった。

しょせんはまつろわぬ野蛮人、条約をむすぶことで暴力をおさめてくれるなら、それに越したことはない。貿易取引で生じたトラブルで、暴れた「外夷」をおとなしくさせる。「互市」カテゴリーのなかでの「撫夷《ぶい》（えびすをなつかせる）」。これを「外夷の操縦」とストレートに表現する向きもある。

当時の清朝および漢人知識人の大多数にとって、条約・外交・国際関係とは、不可能になった「攘夷」に代わる「撫夷」という位置づけでしかなかった。真の華夷意識が根づかなかった日本には、「撫夷」という観念は存在しない。「攘夷」でなければ「開国」しかなかった。どれだけ日本と異なる世界・論理か、推して知るべしである。

「夷務」から「洋務」へ

そうした「互市」「撫夷」をまとめて、当時「夷務《いむ》（えびすのあしらい）」と称した。当時の外交文書集を「籌辦《ちゅうべん》夷務始末」、「夷務」をとりあつかった顚末《てんまつ》、というのはそのためである。

そんな清朝の姿勢に、イギリスはもとより納得しない。態度の改まらないことに業《ごう》を煮やして、ふたたび戦争をしかけた。いわゆるアロー戦争、もしくは第二次アヘン戦争である。

今度は一八六〇年、北京にまで攻め入った。皇帝は都から逃げ出し、清朝は城下の盟を余儀なくされたのである。

その結果、列強の使節が皇帝お膝元《ひざもと》の北京に常駐し、西洋の国際関係が全面的に強要された。理論的にいえば、上下関係を基軸にする「華」「夷」の秩序は、もはや適用できなくなったはずである。

だからといって、事態が劇的にかわったわけではない。とりわけ儒教の世界観・秩序体系を信奉する科挙出身の有力知識人に、その姿勢が顕著である。そうした人々が政治と社会の指導層の中堅を担っていた以上、清朝全体の姿勢も、やはり容易にはかわりえなかった。

武力で強いられた具体的な条件は、不承不承でも服さざるをえない。けれどもその条件をささえる制度や理念、原理などには理解が及ばなかったし、そもそも関心すら希薄だった。そうした意味で、華夷意識はなお健在である。

そうしたなかにも、優越する西洋の軍事力・技術力を採用すべきである、さらには制度すら、取るべきものがあるとみなした知識人が、少数ながら存在した。いわく「夷の長技を師《てほん》とする」という趣旨である。アヘン戦争当時、西洋の研究をはじめた林則徐がそうだし、ほかにも魏源《ぎげん》ら、官僚を補佐した知識人・思想家もいた。

しかしそうした人々の思想・著述は存在しても、なおすぐに「夷の長技」を実際に採用するには至らない。具体的な実践に向かって動き出したのは、やはり一八六〇年代以降である。中国内部ではその間、大動乱が起こった。太平天国《たいへいてんごく》をはじめとする内乱の同時多発である。英仏連合軍が広州《こうしゅう》を占領し、北京に侵攻したのも、そんな内乱のさなかだった。清朝の当局者が頽勢《たいせい》を挽回《ばんかい》すべく、西洋近代のすぐれた文物に注目し、関心をよせたのは、むしろ当然である。

同じく西洋との交渉ながら、それをもはや「夷務」とはいわない。名称をたった一文字ながら「洋務《ようむ》」と改めて、とりくむ態度・意欲も、消極から積極へ転換する。兵器などの技術、軍制などの組織、あるいは政府機関などの制度、さまざまな分野で、ひとまず「洋務」の事業が進展していった。

日本と中国

われわれ日本人は、同じ時期に明治維新・「文明開化」を実践したため、ともすればそのコースが正当で、あたりまえだと考えがちである。そこを基準・ものさしにして、たとえば中国の近代化を過程は緩慢、成果も貧弱だとみなしかねない。しかしそれは、いわば結果論であって、いわれのない偏見でもある。

日本が急速に西洋化をはたしえたのは、日本なりの条件があり、中国が日本とは異なる進み方をしたのも、中国なりの事情があった。むしろそうした条件・事情を明らかにし、比較してみたほうが、西洋化・近代化だけにとどまらない、全体的な日中の異同もみえてくる。「中国の論理」もわかりやすいだろう。

日中で何より異なるのは、西洋化に対する政府の意欲と社会の支持である。日本では民間・社会の活動が政府権力の政策と提携し、こもごも表裏一体となって、近代化を推し進めた。兵器・鉄道・工場など、ごく具体的なモノづくりから、学校・企業など、ヒトの集まる制度・組織の整備にくわえ、知識・言語など、いっそう抽象的なコトの習得にいたるまで、いずれもそうである。西洋の直輸入で、誰も怪しまなかった。

それを「文明開化」と呼ぶ。時流に敏感で、すぐ最先端のファッションにとびつき、模倣をいとわないのは、軽薄といえば軽薄、自前のものを持っていないあかしでもある。それにしても、その軽薄が官民一体ですすんだ日本のエネルギーは、列強の圧力・時局に対する危機感も作用して、すさまじいものがあった。

中国は到底、同じでない。ここまでみてきたように、オリジナルのものをおびただしく有する。しかも「中華」という意識があるから、それこそ至上だった。自らと異なる、ということは、劣る、ことと同義である。新奇・改革とは悪徳・タブーという思考・論理だから、「洋務」はしょせん「夷務」にすぎない。まともな士大夫エリートが関わることではない、汚らわしい、というのが当時の通念であった。「流品」のなせるわざだといってよい。いかに西洋が圧倒的な力・技術・文物を有していても、それを素直にすぐれていると認識したり、ましてやそのまま直輸入したりするのは難しかった。

直輸入を望んだ人もいただろう。なかには、その実践ができる人々もいたはずである。しかし中国全体でみれば、どこでもそんな人たちは、圧倒的に少数だったから、社会がこぞって組織的に西洋化を実施することは、事実上不可能だったのである。

「中体西用」と附会

それでも内憂外患のさなか、対処に苦しみ、前途を憂う当局者・知識人にとって、「洋務」の必要性は減じない。となれば、旧態依然の意識・思考と論理に沿ってでも、西洋化をうながす必要が出てくる。その所産がたとえば、「中体西用《ちゅうたいせいよう》」だった。

日本の明治維新は、よく「和魂洋才」といわれた。説明の必要はあるまい。これと対応する中国漢語としてよく引かれるのが、「中体西用」である。この二つの四字熟語の対比はおもしろい。つくりは相い似ているものの、もちろんまったくの同義ではなく、混同してはならないのが前提である。

「魂」「才」は人間のものだから、すぐわかるのに対し、「体」「用」はいっそう抽象的なのでわかりにくい。少し嚙み砕くと、「体」は本体・原理、「用」は末梢・実用、といった意味になり、そのかぎりでは各々「魂」「才」と通じる。それぞれで比べて、前者の「体」・「魂」のほうが大事なのも、同じである。

しかし「体」「用」が異なるのは、互いをまったくの別ものと分離して考えることである。中国史上の主要イデオロギーだった朱子学では、とりわけそうであり、そうした辨別が正しい、とみな頭から信じていた。これは社会階層でいえば「士」「庶」の、空間認識でいえば「華」「夷」の辨別に対応するものであり、思惟・教理上の二元構造だといってもよい。

だから「魂」「才」はごく一体的で、たがいにさほどの格差はないのに対し、「体」と「用」の間は、まったくかけ離れている。これが日中のちがいである、といっても過言ではない。中国の場合、この思惟構造に合致しなくては、西洋の採用そのものに支持を得られなかった。

そこで出てきたのが「中体西用」である。重要な「体」はあくまで中華・儒教であり、士大夫エリートの担うべきものだが、「用」も重要ではないにせよ、現実には必要なので、西洋という外夷の技術を軍人や商人など庶民がとりいれる、とすれば、何とかそれまでの秩序原理に抵触しない。

そうした「中体西用」をあてはめる具体的なよすがとなったのが、いわゆる附会《ふかい》だった。

これまた明治日本には、存在しなかった事態、歴史過程である。

附会とはひらたくいえば、こじつけ、の意である。西洋が中国と「異なる」とすれば、それは「劣る」ことと同義なので、西洋に倣うのは論外となってしまう。事実そう考えるエリート・知識人が、大多数だった。そこで、西洋のすぐれた部分は、「異なる」のではなく、つとに中国の古代・古典に存在したものだ、と附会する・こじつけることで、西洋化を正当化しようという論理である。

こうした考え方は、まず喫緊の課題であった西洋の兵器・機器導入という物質的・技術的なところからはじまった。これがおおよそ、一八八〇年代あたりまでの動向である。それが変化して、こじつけの対象・重心が、機器より政治との関係に移って、組織・制度を重視するようになってくる。この傾向が一八九〇年代後半、日清戦争を境として、いっそう深まり、西洋の政治が儒教の経典と緊密に結びついて、それまでの「洋務」はいわゆる「変法《へんぽう》」に転化した。

以上が「中体西用」および附会の、おおまかなプロセスである。これをひととおり経過、体験したあと、附会《こじつけ》では不可だという認識がひろまって、新しい局面に入った。それが二〇世紀、中国「革命」だと理解しておけばよい。

つまり中国の近代化は、出発からかなりの部分を附会《こじつけ》が占めたといえるのであり、それがいみじくも「中国の論理」をあらわすものともなっている。あるいは、いまなお「革命」をとなえなければならぬ現代中国も、根柢ではかわらない事情であるかもしれない。

諸子と儒教

だとすれば、「革命」以前の「中体西用」・附会と称する歴史過程は、おおむね三つの段階を経たことになる。第一は、物質的な富強をめざした機器・技術の導入であった。そのさい主としてこじつけられた中国の古典は、「諸子」であった。諸子百家である。

利益や武力、科学技術を尊重しない儒教は、必ずしも西洋とは合致しない。しかしながら、たとえば富強を重んじる思想は、法家の『管子』にある。また科学・宗教でも、化学の理論は『墨子』に載っているし、キリスト教も墨子・墨家の説く兼愛と同じ。西洋の事物はこのように、はるか古代の中国に存在したものであって、それを知らないのは、古典に通暁すべき中華の知識人エリートとして恥ずかしい、という主張がとなえられたのである。

「諸子百家」といえば、はるかな古代から中国には、絢爛《けんらん》な思想が存在したことを象徴するフレーズとして、われわれ日本人はごくポジティヴなイメージをもつ。それぞれについても、「墨子の兼愛」とか「孫子《そんし》の兵法」とか、相応の評価と位置づけをしがちである。しかしすでに述べたとおり、それは必ずしも、伝統的・主流的な「中国の論理」にはあたらない。

中国在来の知の体系は、経・史・子・集という四部分類。諸子は序列第三位にある。最後の「集」は文字どおり、まったくの寄せ集めであるから、諸子はいわば系統だった学問としては最低の地位、ほとんど尊重されなかった、とみたほうが正しい。

その諸子がこの時期・この場合に援用されたのは、ひとつには、西洋の技術学問など、諸子と同様にあまり尊重したくない心情があっただろう。しかしその一方で、清朝の考証学を通じた諸子の復権も、じつは作用している。さもなくば、わざわざこじつける対象にすらなるまい。

考証学とはあらゆる資料をあつめて、古典の正しい読み方をさぐる学問で、そこで重んぜられたのは、オリジナルのテキストにさかのぼって真偽を解き明かす方法である。考証学で最も盛んだったのは当然、最も尊重すべき経学、儒教研究だった。それをオリジナルにさかのぼっていけば、自然に孔子の同時代にまでいきつく。

儒教も元来は、数ある諸子百家の一つでしかなかった。そのことが、いわば発見されたのである。だとすれば、オリジナルの儒教を知るには、諸子をも知らねばならない、と考えざるをえない。われわれがふつうに知る儒教と諸子百家の位置づけは、この時ようやく始まったのである。

そこで、二つの道に分かれる。儒教の格下げと格上げであり、このせめぎ合いが以後、思想史上のモチーフをなした。元来が諸子百家の一つ、唯一絶対ではない、というところから、もはや儒教は尊重に値しない、という方向がひとつ。いまひとつはこれまで尊ばれてきた儒教も、かつては諸子の一つだったのだから、諸子も尊重に値するのに加え、それにもかかわらず、儒教が以後、突出して重んじられたゆえに、従前にもまして儒教の価値を高くみる方向である。

まず顕著になったのは、後者の動きである。欠かせない「洋務」を諸子に附会《こじつけ》する動きには、そうした背景があった。そしてそれと同時に、とくに孔子を数ある諸子の一人として、儒教の創始者とみなして尊崇する考え方も強まってくる。

洋務と変法

そもそも従前、儒教における孔子の位置づけは、教義をうけつぐ祖述者ではあっても、あらたに作り上げた変革者ではなかった。『論語』述而《じゅつじ》に「述べて作らず」というとおりである。そうした「経」書も、永遠に変わらない・改まらないから、尊重に値する、という代物だった。

ところがここにいたって、孔子が従来の教義・思想を一変させた偉大な教祖である、という解釈も有力になってきた。それなら、孔子よろしくこれまでの体制を変革するのも、ネガティヴなことではない、という論理も成り立つ。もっともこれは、従前からすれば、一八〇度の価値観転換であるから、それだけに抵抗も強くならざるをえない。

　そこで第二の段階に入る。時に一八八〇年代、中国の周辺で危機が同時的に多発した時期であり、日本が沖縄を編入した「琉球処分」、ソウルでの壬午《じんご》軍乱・甲申《こうしん》政変、ベトナムでの清仏戦争などがあいついだ。とくに後二者は、日・仏と武力衝突をひきおこしている。

　そうした情勢が深刻さをますにつれ、変化を嫌いがちな知識人の間にも、さすがに危機感がつのってくる。そこで西洋の文物に対しても、物質的な兵器や機器だけでなく、そのすぐれた組織・制度を重視する方向に注目が集まるようになってきた。附会もこれに呼応して、具体的実用的な技藝にかかわる諸子から、抽象的理論的な観念にかかわる経書に重点を移しはじめたのである。けれども現実政治の局面では、依然としてこうした動きが浮上してくることはなかった。

　それがにわかに顕在化するのは、一八九〇年代の後半になってから、一八九五年の日清戦争の敗戦を契機とする。ちっぽけな日本に敗れたショックは、物心両面でやはり大きかった。日本に対する賠償金の支払いや土地の割譲ばかりではない。いっそう重大なのは、むしろそれにつづいた西洋列強の利権獲得競争である。各地が「租借」という名目で列強のものとなり、各省がその勢力範囲になるなど、中国そのものが分割されるかもしれない、という情況だった。未曾有の損失と危機感にあおられて、改革の気運が高まったのである。

清朝政府も軍事・経済など、即物的な西洋化をめざす「洋務」事業にとどまらず、ついに政治制度の一大改革を企てるにいたった。これを「変法」という。

2　変革の胎動

康有為

「変法」の旗手になったのは康有為《こうゆうい》（一八五八～一九二七）、広東省南海県、つまり今の広州市出身の学者である。かれは良かれ悪しかれ、上に述べたような当代の風潮を代表する人物だった。まずその所説をおおづかみに説明してみよう。

後漢以後にできた経書は、すべてニセ物であって、儒教の真の教義を学ぶには、それ以前のテキストに拠らなくてはならぬ、という「偽経」の説。そのあらゆるテキストは、孔子がそれまでの制度を改めて作ったのだとする「孔子改制」の説。それぞれ著述があり、過激をきわめたその内容は、大いに物議を醸した。

極端にまでつきつめた所説だとはいえ、以上は清代漢学の成果にはちがいない。ひとまず中国内・学術上の話ではある。

ただ中国の学術は、政治と無縁ではありえない。康有為もそうである。かれはこうしたイデオロギーを支柱に、体制の変革をとなえた。目前の政治は儒教の真義から逸脱したものであるから、孔子が創始した真意にたちもどって改めなくてはならぬ、という。それればかりか、自らすすんで官界に入り、政局に関わり、具体的な改革案を出し、またその実施をめざした。そこでさらに、物議を醸す結果をもたらす。

写真9　康有為

もっとも、復古という概念を通じて現状を否定し、改革を断行するのも、かつて王安石が採った手法である。こちらも中国史上、めずらしくはあるまい。

康有為において突出していたのは、となえた復古＝改革のめざすところが、西洋だったことである。時代のなせるわざなのだろうか、いわゆる儒教の真義にそう改革の目標とは、実際には西洋・近代の政治制度と一致していた。かれが最も過激に附会を推し進めたゆえんである。

孔教

その典型はやはり、孔子と儒教の関係である。孔子が儒教を創始した、というところから、孔子こそ儒教という宗教の教祖であって、西洋のキリストに相当し、儒教も西洋のキリスト教のような位置をしめるべきだととなえた。

いわゆる「孔教」である。これについては、同じ時期、北京に留学していた中国哲学者・服部宇之吉《はっとりうのきち》（一八六七〜一九三九）の実地観察があって、

孔子教を宗教と為さんとした。併《しか》し、宗教とするといふ以上、宗教の形式が無くてはならぬので、西洋式に日曜日を休日として、某日には孔子教の会堂といふやうな風のものに往《い》つて、孔子教の説教を聴くといふことまでもやらうと考へた。

という。いわゆる「宗教」とはキリスト教の言い換えで、孔子像・孔子廟《びょう》を教会に見立て、儒教の祭祀《さいし》を「西洋式」にしようとした。つまりは、儒教そのものをキリスト教に「附会」したわけである。

なぜそんなことをしなくてはならないのか。かれなりの危機感があったからである。当時の中国にあっては、儒教とは万人の信仰ではなく、一部の限られた知識人・士大夫が身につける儀礼・道徳・学術、あるいは政治イデオロギーでしかなかった。問題はその範疇に入ら

ない、おびただしい庶民の存在にある。そのために社会では、「士」「庶」の峻別《しゅんべつ》がうまれ、官民の隔たりが生じ、上下一体とならない。

われわれは聖人を尊んでも、親しみはしない。天下には雑多な祭祀がはびこり、ほかの祭神を交えている。士大夫も庶民も、一人前になって郷里の私塾を離れると、もう孔子の経を朗誦《ろうしょう》しないし、孔子の像に拝謁もできない。……教師は士に教えても民には教えない。孔子廟は都市にあっても農村にはない。廟は一つあっても複数はない。西洋をみよ。教会はどこにでもあって、七日ごとに君臣男女がみな、礼拝して聖書をよむ。かの教義は浅薄とはいえ、信仰の実践はゆきとどいている。ところがわが教義は精密だが、信仰活動はいいかげんなのである。

康有為のいわんとするところは、西洋列強に伍《ご》してゆくためには、中国の人心が一体にならなくてはならない、それにはバラバラの信仰という社会の現状では不可だ、ということである。西洋は「信仰の実践」をよりどころに、「君臣男女」が一体となって富強をもたらした。中国もそうあるべきで、孔教がそのよすがとなる。既存の儒教を「西洋式」にあらためて、一部の知識人が専有していた思想・イデオロギーを、「君臣男女」・「士」「民」・都市農村の別なく、社会のすみずみに及ぼし、上下が一体化した国民を作り出そうというにあった。

「列国並立」

「孔教」が社会構成の一元化・一体化をめざした典型であるとすれば、世界観もそれに応じる変容があった。これまでの「華夷」意識に代わって、「列国並立」をめざす観念である。

日清戦争よりも前、すでにヨーロッパの清朝在外公館では、「中外あい連なる天下」という世界認識を有し、それに応じた交渉活動を「外務」と呼びはじめるようになっていた。前者は「中（華）」「外（夷）」という上下優劣のニュアンスのある漢語を残しながらも、それが緊密不可分の関係にあることを表現する。後者はいわゆる「外務省」でおなじみの漢語、それまでの「夷務」とはもちろん、「洋務」とも異なって、専業的な外交に近いニュアンスをもつ。もとより両者とも、列強の国際関係に応じた世界観であって、従前とは異なってきた。

それでも、これはまだ外交にあたった一部の官僚・人士に限ったことにすぎない。それが日清戦争を経過し、危機感がひろまると、一般の知識人も共有する観念になりはじめる。「列国並立」という字面だけなら、むしろ『春秋』の諸侯になぞらえた「附会」の表現といえなくもない。けれども日清戦争に敗れたのちは、それはすでに、目前の弱肉強食の世界を直視したみかたとなっていた。

しかし現実政治の上では、それはなかなかにとらえにくい。西洋諸国とは、はるか以前から、条約を結んでいて、表面上は国際関係の慣例どおりに交わっていたかにみえるからである。

ただそのかたわらで、「朝貢」をおこなう朝鮮や琉球、ベトナムなど、「華夷」にもとづく秩序が依然として厳存しており、両者の兼ね合いをめぐって、中国と関係国は衝突をくりかえした。その最たるものが、朝鮮の国際的地位をめぐって、日本と戦った日清戦争だったのである。

とすれば、たとえばそんな朝鮮の地位をどうみたかで、中国の認識におこった変化もみることができよう。日清戦争を終わらせた下関条約は、朝鮮を「独立自主」の国と定めた。もはや「中華」の臣礼をとる朝貢国ではない。そこに一貫してこだわってきた清朝政府も、ようやく朝鮮の「独立」をみとめて、対等の「友邦」とみなすようになった。その変化は当の皇帝がリードしたといわれており、ここにひとまず、「華夷」から「列国並立」の世界観へ転換したことがわかる。

戊戌の変法と政変

それは対外的な世界観のみではおさまらない。国内政治で顕在化したのが「戊戌《ぼじゅつ》変法」である。康有為はその抱負を実現すべく、くりかえし上書をおこない、そのかいあって、時の君主・光緒帝《こうちょてい》（在位一八七五〜一九〇八）をだきこむことに成功、一八九八年六月一一日、いわゆる「国是《こくぜ》の詔《しょう》」が下った。正式に「変法」を開始させた光緒帝の号令である。

こののち、およそ九月の中旬まで、康有為の「変法」構想の具体案を実施に移すよう、矢継ぎ早に勅命を下した。この年の干支《かんし》が戊戌なので「戊戌変法」、ほぼ百日つづいたので「百日維新」ともいいならわす。

この時の「変法」の主要プランは、人材養成と行政機構の再編である。前者は従来の科挙を改廃し、西洋式の学校「学堂」を体系的につくる計画で、北京には京師《けいし》大学堂、のちの北京大学を建てた。いまの日本でも、受験・就職の制度は重大な問題である。まして千年以上の伝統をもつ科挙なら、少し変わるだけでも大騒ぎになっておかしくない。

後者はムダなポストを撤廃する計画で、従来の中央・地方の主だった官庁・官職は、これで廃止を免れなくなる。既得権の関わる行政改革は、古今東西おいそれとすすむものではない。

このようにいずれも困難な事業であって、首都の北京も地方の現場も、そんな動きには冷ややかだった。あいつぐ勅命は事実上、サボタージュをもって遇せられ、まもなく「変法」

に対する反撥と化してゆく。

短気な光緒帝・康有為の主従は、焦燥《しょうそう》にかられた。こうしてついに「変法」派と反対派の対立局面が露《あら》わになる。「変法」の断行を決意した康有為らは、自派の人士を次々に抜擢すると同時に、反対派の排除にも打って出た。高官の罷免《ひめん》があいついだばかりか、守旧の象徴と目された西太后《せいたいこう》（一八三五～一九〇八）が住む頤和園《いわえん》の包囲攻撃まで企てた。

密謀は露顕し、逆に西太后側がクーデタを打った。時に九月二一日。光緒帝は幽閉され、「変法」派は弾圧を受け、捕らえられた者は、それぞれ処刑・流罪・罷免となる。首魁《しゅかい》の康有為らは外国の公使館に逃れて、日本に亡命した。期せずして亡命先が日本だったことが、以後の中国の運命を大きく左右する。

反動

「変法」が曲がりなりにもすすんだのは、中国の根本思想だった儒教に切り込んだからである。儒教そのものをこじつけの対象としたところから、附会も最高潮に達した。それだけに守旧的な思考様式の人々から、大きな反撥を買ったのは当然である。

そんな思考様式の一例。「地球が丸い」ことと「中華」意識の関わりである。あくまで中国が中心でなくてはならなかった。

地球は丸いのだから、どこが中心だとは決められない、という。しかしアジアは地球の東南にあって、中国はその中央にあって、また黄色人種でもある。五行説では、東南が方角の序列第一位、また黄は土と同じ、土は中央を占めるから、やはり中国が世界の中心に位置するのである。西洋人は中国を尊大だとあざ笑うけれども、この論理がわからないはずはあるまい。

このように、おいそれとは「華夷」の意識を棄《す》てられない普通の儒徒なら、西洋も往時の匈奴や突厥、契丹などとひとしなみ、違いはない。たとえ一時的に、武力で圧迫される時があっても、やがて最後には、儒教という聖人の教えの感化を受けて、漢人に同化されるはずだという。それが史書に記載する、あるべき中国の歴史事実なのである。

そもそも「中外」「夷夏」、つまり中心と縁辺・文明と野蛮の区別は、政権の大小強弱では決まらない。春秋時代の周王朝、魯国は小さく弱体だったけれども、まぎれもなく「中華」だった。儒教の中心だったからである。

いやしくも儒徒であるなら、そんな儒教を宣揚し、「夏を用《もっ》て夷を変ず」ることに尽力しなくてはならないはずである。「夏を用て夷を変ず」とは儒教の経書、『孟子』滕文公《とうのぶんこう》上にあるフレーズで、「夷」とはここでは、もちろん西洋のことを指す。中華が西洋を同化する、というにひとしい。

このフレーズ、典拠には続きがあって、「未《いま》だ夷に変へらるるを聞かず」。「夷」から影響を受けたとは聞いたことがない、というのが正統な考え方である。ところが、新進の人士は、自らすすんで西洋化し、「夷に変ぜらる」、西洋に同化されてしまったのであって、これはあまりにも恥ずべきことではあるまいか。

そんな視点・立場からすれば、康有為らの言動は断じて許せない。「其の貌は則ち孔、其の心は則ち夷」、つまり「康有為というヤツは、孔子・儒者のようなフリをしながら、その心は西洋人・外夷にほかならない」という。ある意味、かれの「附会」を喝破した的確な評言だといってもよい。

しかしながら、こうした変法派・守旧派の激しい論争には、共通通底する前提があった。経典の尊重である。保守派がそれまでの礼教、それがもとづく経典を尊重するのはあたりまえだろうが、けれども実にその点は、変法派も同じであった。ことによると、西洋をも徹頭徹尾、儒教・孔子で説明しようとした変法派・康有為のほうが、いっそう経書や教義を尊重していた、といえるのかもしれない。

異なっていたのは、西洋をどう評価するかだけ、評価すれば「附会」が不可避、さもなくば「附会」が不可となる。経書・古典の依拠・尊重にかわりない。それこそ動かしがたい前提だったのである。しかしようやく転換をまぬかれなかった。

附会の由来

康有為らの「附会」は、文明史の観点からみれば、迫り来る異文明に必死の抵抗、決戦を試みんがために、中国文明がおのれの有する伝統を総動員した様相を呈している。これにたとえば島田虔次《しまだけんじ》（一九一七～二〇〇〇）は、「満腔《まんこう》の敬意」をこめて「文明の意地」と命名した。

「決戦」と譬喩できる意識的な動きも、もちろんあっただろう。康有為ら著名な学者・思想家であれば、なおさらそうである。けれどもここでは、もっと一般的な無意識の思考・立論・伝達の局面をいっそう重視したい。

当時は書き手にせよ読み手にせよ、どうしても附会の論法になってしまう、あるいは古典・経書を尊重せざるをえなかった。というのも、古典・典故を通さなくては、読める文・通じる論にならないからである。

漢語の特質は語彙・概念、文体・論理が典故に大きく依拠するところにある。もちろん譬喩をつかわない、故事成語の存在しない言語など、古今東西どこにもないだろうが、漢語はそれが著しい。吉川幸次郎の言を借りれば、「自分自身が考えた表現で物を言うよりも、既に前の人が使った表現、それを使ってものをいう方が、いい文章」なのであって、そうした規範意識が牢乎として抜きがたかった。

言語があらゆる思考の基礎になるのは人間社会の通則、そこに鑑みれば、典故の拘束いかんは、「中国の論理」を考える上できわめて重大である。少なくとも漢語の文語文という書記言語に概念・論理を供給するのは、典雅な古語・古文、ないしは一定の教義・規範を含有する古典・経書であった。そこに新しい事物の相貌《そうぼう》と内実を盛り込むには、どうにも難しい。少なくとも過不足なく、正確に伝達することはできなかった。

ここまで述べてきた事例でいえば、華夷という概念がそもそもそうである。内外の世界も、西洋人の考える対外秩序も、漢語の「天下」「華夷」としか表現できず、その旧来のニュアンス・意味内容と切り離して考えることができなかった。せいぜいが春秋時代の「列国」になぞらえるのが関の山で、それでも「華夷」意識が抜けないのは、「地球が丸い」例でもみたとおりである。そのためにいかほど軋轢《あつれき》と紛争が起こったか、思い半ばに過ぎるものがある。

3　梁啓超

「天演論」

そうした新思想の伝播《でんぱ》いかんをみるには、たとえば厳復《げんふく》（一八五三～一九二一）という人物が、ひとつの典型をなすだろう。かれはいわゆる「洋務」にたずさわり、イギリスに留学もした知識人で、中国に西洋の学術・思想をもたらす役割をはたしたことで名高い。なかんづくハクスリー『進化と倫理』の漢訳『天演論《てんえんろん》』を出版し、社会進化論を中国に紹介したことが重大である。進歩観念の希薄だった中国人の頭脳が一変するのに、大いにあずかって力があった。

厳復は **Evolution**（進化）を「天演」と訳した。もちろん意訳で、自然淘汰《とうた》・適者生存を含意させた漢語である。着眼が鋭いばかりでなく、表現も典雅で、いかにも漢語らしい。工

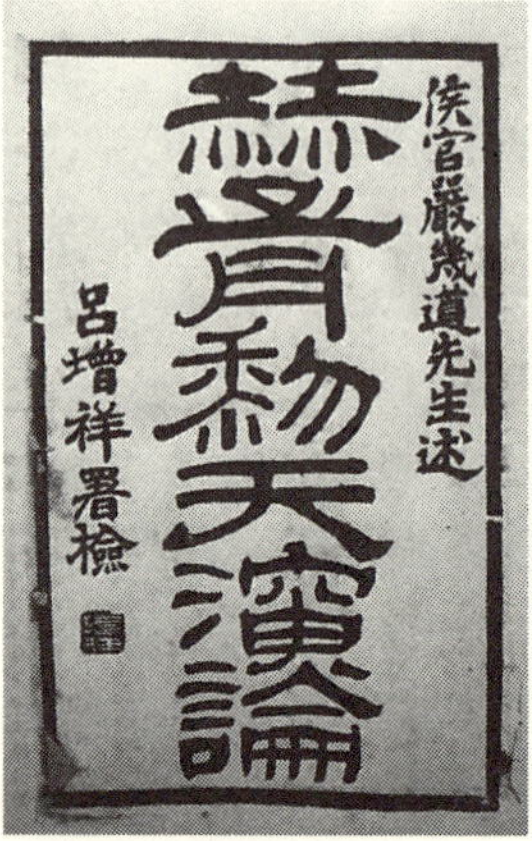

写真10　厳復と『天演論』

夫を凝らした訳語というべきである。しかしそれで原意がすぐ伝わるかどうか、さらにそのことばが普及するかどうかは、また別の問題である。

厳復は翻訳にあたって、「信」「達」「雅」を原則とした。「信」は原文の内容に忠実であること、「達」はその内容がよく伝わるような暢《ちょう》達《たつ》な訳にすること、「雅」は訳文を気品ある、典雅な文章にしあげることである。いずれも訳業の鉄則、われわれからみても、首肯できることばかりである。

ところがそこに、隘路《あいろ》がひそんでいた。「信」「達」はよい。基本・出発点である。これを欠いては、そもそも翻訳がはじまらない。しかし第三の「雅」は、ややちがう。訳文のできばえに関わることであり、この場合は原文とはひとまず別の、漢語・漢文の問題だからである。

翻訳の隘路

「雅」はそれだけなら、上品・エレガント、というごくあたりまえの意味である。それにまちがいはない。しかしながらエレガントであるには、典雅、古雅と熟するように、古典・典故に拠る必要がある。古くなくてはならない。新奇直截《ちょくせつ》では「雅」といえぬ。北京を春秋戦国時代の「燕《えん》」と呼ぶように、地名や官名などの別称である「雅」名も、相応する古称を用いるのが通例だった。

したがって「雅」は古典・経典と直結し、ひいては士大夫・中華と直結する。「雅」の対概念は「俗」であるから、「雅俗」といえば、「士庶」「華夷」にぴたりと対応する成句、ほぼ同義になってしまう。社会構成でいえば「士庶」、世界観でいえば「華夷」、そして言語風尚でいえば「雅俗」なのであって、「雅」と「俗」の間の隔たりは、「士」と「庶」、「華」と「夷」などと同様、果てしなく大きく遠かった。

だとすれば、西洋を「夷」とみなすかぎり、「雅」はどうしても、それと背反する価値判断とならざるをえない。あるいは、西洋の技術・制度が上下一体の社会から生み出されている以上、「雅」「俗」の峻別は、それを表現する目的に矛盾してしまう。

だから中国流のエレガントな文章では、西洋近代の精髄はストレートには伝わらない。なかんづく「士」に対し、そうである。「天演」といわれても、ただちに進化論とはわからないし、それを納得もさせられない。

そこが「中国の論理」と近代中国の矛盾だったのであり、附会が不可欠だったゆえんでもある。厳復じしんもそんな矛盾を体現した存在であり、その生涯を不遇のまま終えなくてはならなかった。

「思想の一変」

それなら中国を近代化させるには、まずこうした言語・思想上の附会を克服し、矛盾を解消する契機が必要である。そこに一躍登場したのが、梁啓超《りょうけいちょう》（一八七三～一九二九）であった。

梁啓超は広東省新会県の出身、康有為とほぼ同郷人であり、また第一の高足でもある。師が主導した「変法」運動に尽力し、政変で日本に亡命した。その時はまだ、数えで二十六歳という若さ、亡命後の行動も、師とともにしている。

しかしこの弟子が果たした役割は、師を越えて重大だったかもしれない。二人は思想的にも政治的にも、最後はちがう道を歩んだ。

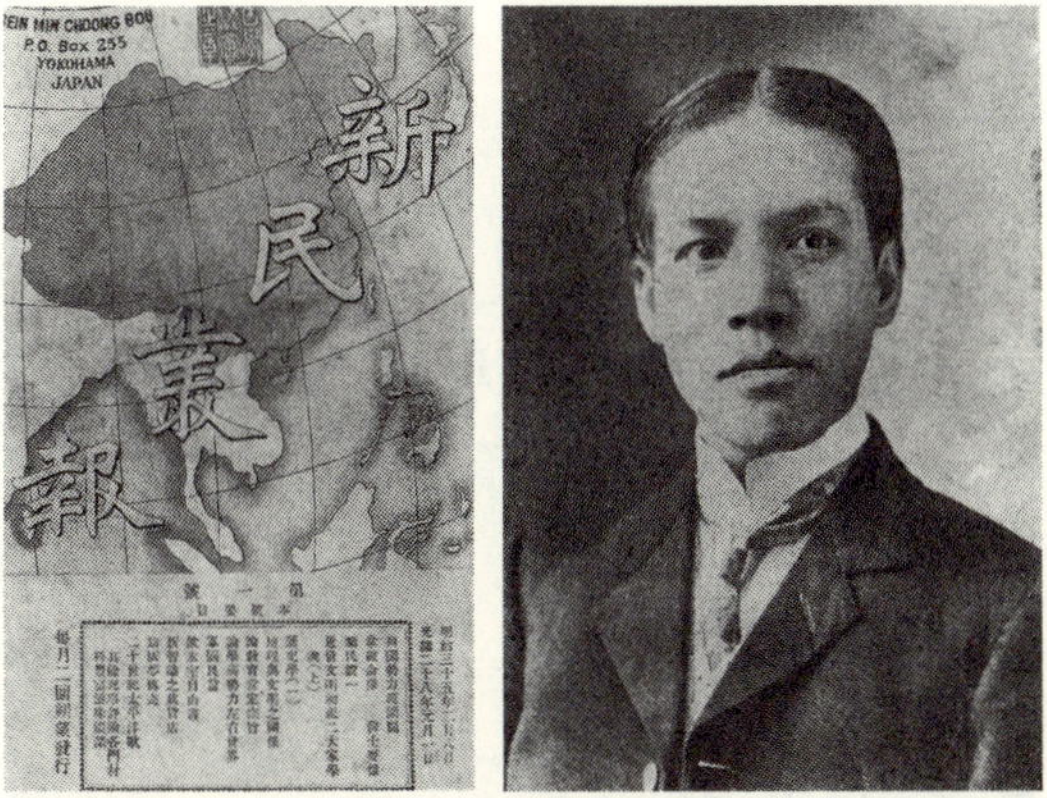

写真11　梁啓超と『新民叢報』創刊号

最大の機縁は、やはり日本亡命である。以下は梁啓超の思想的営為を語るさい、よく引かれる自伝の文章。

戊戌九月、日本にやって来た。東京に一年間住み、少し日本語が読めるようになったことで、思想が一変した。

亡命した日本で受けた影響を述べた一文である。明治維新以来の西洋化の実績を、かれは日本という実地で摂取した。もとよりそのことを示すのに、まちがいはない。しかしそうみただけでは、不十分である。

同じ条件なら、ともに亡命した師の康有為にもあったはずだが、その「思想が一変した」とは、寡聞にして知らない。あいかわらず経書と孔子を尊崇し、孔教という附会をとなえる思想家に終始した。「意地」を張りつづけたのである。

弟子の梁啓超は、そんな師から離脱した。貪欲《どんよく》に新思想を摂取し、自ら発行した機関誌『清議報《せいぎほう》』『新民叢報《しんみんそうほう》』に健筆をふるって、ひろく知識人によびかける。中国最初にして、かつ最大のジャーナリストとなった。

「日本にやって来た」のはもとより、「日本語が読めるようになった」ところが、その岐路である。単なる「日本」ではなく、「日本語」の影響こそ問題だった。そして「思想が一変した」とは、概念・文体の「一変」にひとしい。

和製漢語と和文漢読

日本はいわゆる「文明開化」にあたって、おびただしい翻訳漢語・和製漢語をつくった。その担い手、西周《にしあまね》(一八二九〜九七)や福澤諭吉《ふくざわゆきち》(一八三五〜一九〇一)、箕作麟祥《みつくりあきよし》(一八四六〜九七)の訳業は、あまりにも著名であろう。

そんな和製漢語には、「進化」「主義」など、オリジナルな漢語では見慣れぬものから、「革命」「国家」のような、古くからある字面のことばもあった。もちろん前者は evolution, -ism の、後者は revolution, nation/state の翻訳である。前者は新語で、奇異に感じられるし、後者は従前の王朝交代・王朝政権といった意味と重なって、混同しかねない。経書・史書をよく知らない、あるいは尊重しない日本人、典故なくして書ける和文ならでは、の仕事だった。

だから、褒めるべきことかどうかはわからない。歴史が浅いゆえによるべき古典をもたなかっただけのことなのである。

ともかくそうした訳業のなかから、「文明開化」の日本語ができあがってゆく。当時主流の文体は、いわゆる漢文訓読体だった。訓点を除去する、あるいは語順を換えれば、相応の漢文になる。漢文訓読ならぬ「和文漢読」であった。

「日本にやって来た」梁啓超は、そんな読み方で日本語の著述を次々に読破し、どんどんアウトプットした。西洋語を訳した日本漢語と漢文もどきの訓読文体を、あえて積極的に駆使したのである。新しい文体の漢語だといってよい。

それを見た漢人たちはどう感じただろう。漢字・漢語だから読めなくはないが、かつてなかった不思議な感覚ではなかったか。

自分たちの従来の漢語は、どうしても典故の有無をともない、「雅」「俗」の価値辨別と骨がらみになっていた。梁啓超の文章はもちろん、そんな語彙・文体ではない。かれらにとって、ひと目ではかりしれない、清新でニュートラルな感覚である。そのあたり、いまの日本人にはイメージしにくいものの、巷《ちまた》に氾濫《はんらん》するカタカナ語に対する感覚、それらを組み合わせた文章が、少しは近いだろうか。
現代の日本でも、カタカナ語の氾濫と新奇な文体に眉《まゆ》を顰《ひそ》める向きがあるように、和製漢語を訓読ならぬ漢読でつづった梁啓超の文章にも、もちろん批判は多かった。少なくとも「雅」に意を用いた厳復のような配慮・態度はごく乏しい。文章家としてなら、厳復のほうが正しいのは、火を見るより明らか。拙速といえば拙速、お手軽といえばお手軽に失していた。しかしそれほどに軽薄安直な梁啓超のほうが、いっそう重大な意義を有したのだから、歴史とは皮肉なものである。

「新民」

二〇世紀初頭は、激動の時代である。列強に敗れた義和団《ぎわだん》事変から、国内を戦場にされた日露戦争を経て、危機意識が高まった。そのようなかで、軽薄な梁啓超の「筆鋒《ひっぽう》は、情感を帯びている」といわれた。典故に拘束され様式化された従前の漢語では、容易にかなわなかったことである。たしかにその「情感」は伝わって、賛否を問わず、かれの言説は一世を風靡《ふうび》し、とりわけ変革をめざす若い世代の知識人から、大きな反響を得た。かれは一躍「言論界の寵児《ちょうじ》」にのしあがり、その「一変」経験もみなの共有するところとなる。かの毛沢《もうたく》東《とう》（一八九三〜一九七六）も、例外ではなかった。

「雅」「俗」の差別と制約は、もはやない。「外夷」のカテゴリーに押し込まれた西洋の事物は、そんな尊卑・褒貶《ほうへん》の拘束から解き放たれて、言語上の直訳と知識上の直輸入が可能となり、漢語で直截に表現、伝達、了解できるようになった。語彙概念・価値基準に外界との通有性がそなわったわけである。

一九〇五年、科挙の廃止は、そうした転換を象徴した出来事である。千年つづいた科挙は、中国のあらゆる俊秀の子弟に、経典の暗記を強いてきた。そのために語彙概念・論理文体も、久しく古典のテキストに依拠せざるをえなかった。それがようやく変化をはじめ、附会《こじつけ》も必要なくなった。もはや「文明の意地」を張らなくともよい。「天演」といわなくとも、「進化」といって通じる漢語ができあがったのである。

そうした梁啓超の新しい文章を、「新民体《しんみんたい》」と称する。二〇世紀のはじめ、かれが主宰した『新民叢報』というジャーナルにちなんだ命名で、「新民」は自身のペンネームでもあった。それなら「新民」とは何か。文字どおり、新たな民、民を新たにする、王朝時代の旧「庶民」ではなく、新時代の「国民」を作る、ということである。

梁啓超は一九〇二年に横浜で『新民叢報』というジャーナルを発刊するや、「新民説」という大論文を連載しはじめた。どうもこの文章を発表するために、その器となるジャーナルを作った観がある。

わが民はつねに自国を天下となしていたから、天下の人となる資格はあっても、一国の国民たるべき資格がなかった。しかるに今は列国並立・弱肉強食・優勝劣敗の時代であるから、その資格がなければ、世界に自立することはできない。だからわが国を強くしたくないのならともかく、強くしようとするならば、各国の民族が自立している方法を検討して、その長所をとってわれわれの欠陥を補わなければならない。

もはや王朝の支配する「天下」ではない。「中国」は「列国」の「一国」であって、それにふさわしい「国民」が必要である。

国民をつくるという目的では、康有為の孔教とまったく異ならない。しかしその概念と論理は違っている。あくまで中国既存の教義・経書・士大夫にもとづいて考えた師の孔教と、西洋の nation という概念を直訳して構想した弟子の「新民」とでは、やはりかけ離れていた。各国の「自立している方法」の有無で異なるからである。

「中国」

それなら、その「自立」する「国民」に必要な資質とは何か。国民・国土の分裂と従属をふせぎ、国家を滅亡から救おうとする愛国主義、あるいはナショナリズムである。ではその国家とは何か。それが当時の中国には、実体はもとより、概念としても、いまだ存在していなかった。梁啓超たちはそこから、始めなくてはならなかったのである。

さきにも述べたとおり、元来「国家」という漢語は、王朝・政権を意味する。それを日本人の和製漢語が、nation/state の意味にした。そこで日本人の用いた国家・国という漢字が、その意味を帯びはじめる。

その典型は「清国」、およびその言い換えの「支那」である。もともと前者は清朝というのとほぼ同義、後者は欧米語の China/Chine と語源を同じくする音訳だが、両者ともに nation の概念が濃厚に混入してきた。明治の翻訳漢語によって、同時代の中国をそうみなした、あるいは誤認したことが、近代日本人の歩む道を決定づけた要因である。日清戦争以後の血みどろの歴史が、いみじくもそれを示していようが、しかし日本人だけではない。この和製漢語にふれた中国・中国人にも、同じことがいえる。

二〇世紀に入るころ、自らを「支那人」、自国を「支那」と称した漢人知識人は少なくなかった。日本人の用いる漢語を借りて、一体であるべき自らの国土・国民、そして国家をそう表現したのである。

したがって当時「支那」ということばは、断じて差別用語ではなかった。まったく清新なニュアンスをもった新語である。これを用いるだけで、現状を打破し、王朝治下の漢人であることを拒否し、旧体制をつくりかえ、統一した近代国家の形成をめざす意思表示にもなった。日本モデル・日本留学・日本語摂取の所産である。

ただ、そこにはまだ別の含意がある。自国語で自国をあらわすことばがなかった、という事実である。漢や唐、明も清も、王朝とその名前であって、国家でも国名でもない。「支那」はChina/Chineと同じだから、いわば外来語を用いたわけである。たとえば日本人が、自国のことをカタカナ語で「ジャパン」というようなもので、これではとても永続定着は望めない。そうした問題を系統的に提出し、解決に導いたのが、やはり梁啓超である。かれもご多分にもれず、「支那人」と自称したこともある。しかしやはり奇異に感じたのであろう、「支那」に代えて「中国」という新たな概念を提唱した。それはもはや天下の中心を意味する普通名詞の中国／中華Middle Kingdomではない。「列国」の「一国」たる漢人たちの国民国家China/Chineを意味する漢訳語であった。

「新史学」

西洋近代の国民国家は、愛国主義・ナショナリズムがバックボーンとなっている。国民は感情を持つ人間が構成するものである以上、そうした情念を抜きにして、国家をになう国民たりえない。そんなナショナリズム形成に不可欠なのが、歴史＝国史（ナショナル・ヒストリー）である。国家・国民の共有する履歴・物語とでもいえばよいだろうか。その共通の疑似体験にもとづいて結集し、未来・目標をともにするわけである。

しかし在来の「中国の論理」には、国家もなければ国民もない。国史がなかったからである。あるのは王朝・天下、士大夫・庶民であり、そして王朝・士大夫の専有する史書・史学にすぎなかった。大多数の庶民にとって、そんな歴史は与《あずか》り知らないところである。「新民」という国民、「中国」という国家を措定した梁啓超は、否応なく「新史学」をも提唱しなくてはならなかった。

「新史学（史学を新しくする）」なのだから、もとより旧い史学の批判と否定がベースになる。その旧史学とは何か。

　朝廷はあるとわかっていても、国家があるのを知らない。われわれは常に言う、二十四史とは、歴史ではない。二十四姓の家譜にすぎぬ、と。
　そこに個人はいても、社会はない。……これまで中国の史書とは、本紀・列伝が一篇一篇バラバラ、海岸の石のようにゴロゴロ積み重なっているだけ。

旧史書は「二十四姓」、つまり中華の王朝・皇帝の年代記と、「バラバラ」の「個人」、つまり士大夫の墓誌銘でしかない。この論断は断代史・紀伝体という枠組・コンセプトじたいの否定でもある。

さらに「旧史」は「事実があるのはわきまえていても、理想の存在を知らない」という。いわゆる「理想」とは「愛国主義」、ナショナリズムのことであって、めざすナショナル・ヒストリーの基準にみあう「理想」が、「旧史」には存在しない、と歎いた。「中国」という「国家」、その国民が作る「社会」全体の新しい「中国史《ナショナル・ヒストリー》」とは、愛国心を涵養《かんよう》するために新しい時間観念を設定しようとしたものである。中華の史学に非《あら》ざる「中国」の歴史学は、ここからはじまった。

梁啓超とかれの駆使した翻訳漢語を通じて、旧来の「中国の論理」を構成した歴史時間・空間世界・政治社会の構造観念は、ようやく転換をとげた。そうした転換の実践、すなわちいわゆる中国「革命」は、ここからその幕を開けるのである。

V 「革命」の世紀

1　あとをつぐもの

辛亥革命

梁啓超が「新民説」の連載を終えたのは、一九〇六年のはじめ。そのとき中国は、すでに「革命」の時代に入っていた。以後の政治情勢は、めまぐるしい転変を経る。梁啓超が果たしたドラスティックな転換は、立憲制をめざした自身たちの政治目標をも乗り越えて、実在の政体をもくつがえすことになった。

前年の一九〇五年は、日露戦争が日本の勝利で終わった年である。皇帝専制の大国ロシアより、立憲制の小国日本のほうが強いことが、いわば実証された。こうして、日本モデル・日本漢語が抗いがたい魅力をそなえてくる。何はともあれ、立憲制の導入がめざすべき目標となった。

同じ年、「革命」派を糾合した中国同盟会が日本の東京で成立、その機関誌『民報《みんぽう》』は、来たるべき「中国」のありようをめぐって、梁啓超の『新民叢報』と激しい論争をくりひろげる。論議は海外の華人や留学生のみならず、大陸の読者にもひろがり、それとともに変革の気運も高まり、専制体制・王朝政体そのものに対する否認の意識が、次第に浸透していった。日本に範をとる立憲制樹立に向けた制度改革が、清朝政権の手で大いに進展したのも、そのあらわれである。

それでも政局の安定は、訪れなかった。改革を通じて延命と権力強化をはかろうとする北京政府の姿勢に、反撥が強まったからである。一九一一年に至って、それがいよいよ顕著になった。

具体的な契機は、清朝政権の打ち出した鉄道国有化、つまり先に民間資本での建設を認めていた鉄道路線を国有にあらため、外債で建設完成しようとした政策である。一般的にいうなら、今も昔も鉄道の敷設は、外債も国有化も大いにありうる話だろう。しかし当時、在地の有力者・資本家たちにとって、それは自らの利権を列強に売りわたすにひとしかった。かれらが四川《しせん》・湖北《こほく》を中心に反対運動をはじめると、政府は武力弾圧で応じ、対立はふかまる一方だった。

折しも清朝の覆滅をめざす「革命」派が、長江流域に活動の重点を移しはじめた矢先である。同年一〇月一〇日、武昌《ぶしょう》で蜂起計画が露顕したことから、迫られて暴動を起こしたところ、事態は一変した。反清気運の高まりは雪崩《なだれ》を打って「革命」に転化し、南方各省が陸続と清朝の治下から離脱、一ヵ月の間に十四の省が「独立」する。

その代表者たちは一二月二九日、「革命」派最古参の孫文《そんぶん》（一八六六～一九二五）を臨時大総統に選出、一九一二年一月一日、南京で正式に中華民国の建国を宣言した。いわゆる辛亥《しんがい》革命である。

終わらない「革命」

しかしこの「中華民国」は、「革命」に呼応した南方の「独立」勢力だけでは、たちゆかなかった。軍事力や政治力では、なお北方の清朝側が強力だったからである。だからといって、北も南を即時に圧倒できなかった。事態が膠着《こうちゃく》すれば、列強の干渉と侵略を招いて、「中国」がバラバラに分割されかねない。

南北ともに最も恐ろしかったのは、それである。そこでほどなく妥協が成立し、北京政府の首脳が「臨時政府」に寝返ることで、清朝をお払い箱にする、というシナリオがととのった。二月一二日、宣統帝《せんとうてい》（在位一九〇八～一二）が退位し、清朝が滅亡、同時に王朝政権・皇帝制度も消滅する。

宣統帝溥儀《ふぎ》はこのとき数えて六歳、もとより政務を親裁すべくもない。退位の意思も母后の隆裕《りゅうゆう》太后が代わって表明した。それを受けとったのは、もと北京政府の内閣総理大臣袁《えん》世凱《せいがい》（一八五九～一九一六）である。その袁世凱が中華民国臨時大総統になった。「大総統」はPresident、いわゆる大統領の意味であり、一国の元首である。

何のことはない、権臣が皇帝に取って代わっただけ。しかもその権臣は、いったんは皇帝ならぬ大総統に選ばれたものの、後にはやはり帝位をめざした。そこで辛亥革命は、寡婦と幼児をあざむいて政権・王朝を窃取した「三国志」の司馬《しば》仲達《ちゅうたつ》・魏晋革命になぞらえられる。

旧史学の漢語表現なら「簒奪《さんだつ》」あるいは「禅譲」にほかならない。中国史で「禅譲革命」といえば、三世紀の三国時代から一〇世紀の北宋の成立にいたるまで、くりかえし継起した王朝交代の代名詞であり、短命の割拠政権を想起させる。そしてその数ある政権は、入れ代わり立ち替わり、めまぐるしい隆替をみせながら、いずれも性格・実質では、あまり代わり映えしなかった。

そもそもが「禅譲《ゆずり》」による「革命（＝王朝交代）」なのだから、当然といえば当然である。それと二〇世紀・辛亥革命以後の「中国革命」を比べては、アナクロニズムに失するかもしれない。しかし時代ははるかに隔たりながら、両者に共通点の多いことも目につくところである。

二〇世紀前半の中国史は、辛亥革命を皮切りに「革命」のオンパレードだった。一九一三年に第二革命、一六年に第三革命、一〇年代末には文学革命・思想革命、二七年には国民革命、以後は戦争の時代となって、最後をかざるのは、四九年の中国共産党の「革命」、すなわち「解放」である。それでも終わらず、さらに文化大革命も起こった。

称呼はどうあれ、そのすべてが体制・社会の根柢をくつがえす revolution であるとは、とても思えない。くりかえし起こって、その前後の情況はあまりかわらなかった。それなら「禅譲革命」と何ほども違わない。

もちろん時代も環境もちがうから、まったく同一だとみては、あまりにも乱暴である。二〇世紀の「革命」はそれとして、大づかみにでもしっかり検討しなくてはならない。各々の内実はどうだったか、それをなぜ「革命」といわなくてはならないのか。それぞれをみてゆくには、おおむね十年ごとにまとめるのが便利である。

一九一〇年代とは何か

辛亥革命・清朝滅亡は、あまりにも唐突というか、あっけないというべきか。王朝の消滅そのものは、歴史的な必然だといえるにしても、このタイミングがほんとうにふさわしいものなのかどうか、すこぶる疑わしい。

辛亥革命で幕を開けた一九一〇年代は、どっちつかずの時代だった。南北は妥協するのか、対立するのか。そのあげくに、政治権力を掌握した北の袁世凱に、南が反撥、武装蜂起した第二革命が起きる。

それを鎮定した袁世凱が、皇帝に即位する手はずをととのえると、今度はそれを阻止すべく第三革命が起こって、袁世凱は敗れて失意のうちに歿《ぼっ》した。以後の政局は地方割拠の軍閥混戦と化し、収拾のつかない状態になっている。一方の極に振れようとすると揺れ戻すという経過をくりかえした。

統一なのか、分裂なのか。皇帝制なのか、共和制なのか。一定の政体・概念を基準にすると、この時期はまったくどっちつかずで中途半端、混沌として理解しづらい。

帝制・旧制に回帰、あるいは仮託する、というのは、しかし袁世凱だけの夢想、妄動ではなかった。清朝の遺臣たちは、なお紫禁城《しきんじょう》にいる遜帝《そんてい》溥儀を擁し、復辟《ふくへき》の機を窺《うかが》っていたし、依然として孔教をとなえ、中国の近代化を念願した康有為も、やはり清朝の復活に与《くみ》してい る。失敗におわったとはいえ、そうした要請・勢力がなお残存していた。したがって古典・旧制にこじつけたうえで、前に進もうとする「附会」の観念も、まだ根強く生きていたのである。

だとすれば、二〇世紀の初頭、梁啓超らにはじまる転換は、なお途上だったことになる。歴史の全体からみわたせば、一九一〇年代はむしろ一九〇〇年代・清末の継続で、社会通念が転換しつつある過程、新旧ないまぜの情況にあった。そうみなしたほうが肯綮《こうけい》に当たっているだろう。

そんななかでおこった清朝の滅亡は、あくまで偶発的・突発的な事件にほかならない。にもかかわらず、この「革命」を画期にして、新たな共和制の統一政府が当時あるべき唯一の政体だったと措定するから、かえってわかりにくくなってしまうのである。

新文化運動

当事者たちの観念が明らかに変わったのは、やはり一九二〇年代に入ってからである。決定的な指標あるいは契機をなすのは、世界史的には、第一次世界大戦(一九一四〜一八)の終結、そして国内的には、何より文学革命・思想革命である。それを中国の立場から換言すれば、政治的・経済的な形勢の好転と、文化的・文明的な認識の転換になる。

前者は何より、西欧列強の勢力が著しく弱まったことである。大戦は東アジアで、日米の擡頭をもたらしたものの、中国に対する政治的・軍事的な圧力を大いに減退せしめた。のみならず経済的には、中国は工業化を進展させて好況を謳歌し、精神的にも自信を回復できた。

中国の国際的地位は相対的に上昇し、その発言力を増したことにまちがいはない。さらにロシア革命の影響も、ほどなく及んでくる。

もっとも以上は、むしろ外在的な変化であって、これにともなう人々の内面的な変化のほうが、いっそう重大である。それは二〇世紀に入ってはじまった転換の一つの到達点でもあった。それを「新文化運動」と総称する。

梁啓超の文章を読み、その言説に共鳴を覚え、「新民体」に倣い、慣れた若い世代が、言論界の中堅をしめつつあった。かれらは梁啓超の指し示した方向を、いっそう急進的におしすすめ、はじめから「全盤西化《ぜんばんせいか》」、完全な西洋化をめざしている。日本漢語・漢文訓読が刷新した語彙・概念・文体は、かれらにとっては、すでに所与のものであって、経典・「附会」など、もはや無用だった。

「新民体」がいかに新語を駆使した通俗の文体だったとはいえ、梁啓超じしんは旧時の教育を受けた人物だから、身についた習癖というべきか、その文章にはなお、おびただしい典故が出てくる。そもそも「新民」ということばが、経書の『大学』を典拠にしていた。

だから英米各国の民は名君・賢相を待たずして治世をもたらすことができる。元首は堯《ぎょう》・舜《しゅん》のように「裳《しょう》を垂《た》る」(『易《えき》』繫辞《けいじ》下)であってもよいし、成王《せいおう》のように「裘《かわごろも》を委ねる」（『呂氏春秋《りょししゅんじゅう》』察賢《さつけん》）であってもいい。官吏は曹参《そうしん》の「醇酒《じゅんしゅ》」（『史記』曹相国《そうしょうこく》世家《せいか》）でもいいし、成瑨《せいしん》のように「坐《ざ》して嘯《うそぶ》く」（『後漢書《ごかんじょ》』党錮伝《とうこでん》）のでもいい。なぜなら、民がいるからである。したがって、君・相はつねに国民に頼るが、国民は君・相に頼らない。小国ですらそうである。ましてやわが中国は広大で、一人二人の「鞭《むち》がいくら長くても、届くはずはない」（『左伝《さでん》』宣公《せんこう》十五年）。

以上は「新民説」の一節。同世代・同時期の知識人・士大夫には、これくらいでないと歯ごたえがなかったし、そもそも話も通じなかったかもしれない。これで梁啓超の文体は、推して知るべしである。

しかし十年を経過したこの時期、いっそう若い世代が同じく西洋を語るや、以下のようであった。

フランス革命以前、ヨーロッパの国家と社会は君主と貴族の特権の上に築かれないものはなかった。人類のうち独立自由の人格を有するのは、ただ少数の君主と貴族だけだった。そのほかの大多数の人民は、みな特権者に附属する奴隷であり、みるべき自由権利は有さなかった。一七八九年、フランスのラファイエットが人権宣言を内外に刊行してから、ヨーロッパの人心は夢から覚め、酔いから醒《さ》めたように、人権の尊重すべきことをさとった。

一九一五年九月、革新の旗手・陳独秀《ちんどくしゅう》（一八七九〜一九四二）がフランス革命を論じた文章、「国家」「社会」「貴族」「自由」「人権」など、和製漢語を縦横に駆使して西洋の事物を伝える。上に引いた「新民説」と比べてほしい。古来の典故によらず、あくまで直截明晰《めいせき》、われわれもすぐわかる。

典雅・「附会」を全面的に捨て去れば、古典も経書も無用だし、果ては文語文もいらない。その行きつく先が儒教の排撃という思想革命であり、白話文《はくわぶん》の採用という文学革命である。古典の概念的・言語的な桎梏《しっこく》から思考・思想を解き放ち、「文化」そのものを刷新した。

それは「士」「庶」の隔絶をも、なくしてゆくだろう。両者を分断した契機が「読書」、古典の素養だったからである。「中国」を一体とする国家・国民 nation の創出が、ここでようやく視野に入ってくる。

国民党と共産党

一九一〇年代、新旧ないまぜで、混沌としていた政治文化は、国民国家の形成という目標に収斂《しゅうれん》してゆく。それが一九二〇年代の動向だった。「新文化」、文化が新しくなれば、次は政治であり、その役割を担って登場したのが、国民党と共産党である。

いまも存続する中国のこの二大政党について、こちたき説明は必要あるまい。細かな事柄や人名は、このご時世、知りたければ、いくらでも調べがつくだろう。むしろここで必要なのは、国共両党がなぜ力を獲て、政権を握りつづけることができたのか、そうした大きな時代の趨勢をみきわめるにある。

当時の国民党は孫文が一九一九年、あらたに組織したものである。かれの「革命」理念は、「民族」「民権」「民生」の三民主義であり、それを綱領とした組織も、つとに辛亥革命以前から存在していた。しかし当初、その「民族」主義とは「韃虜《だつりょ》を駆除し、中華を恢復《かいふく》す」という古典的な華夷思想、種族的な復仇《ふっきゅう》にみまがうものだったし、「地権を平均す」という財産の均分を謳った「民生」主義など、誰も理解しなかった。実現したのは「民権主義」の共和制のみ、しかもその「革命」の実質は「禅譲革命」で、行きついた結果は軍閥混戦である。

ところが十年を経過し、「新文化」運動をへて、一九二〇年代に入ると、三民主義は一新している。「民族主義」は「反帝国主義」と同義になり、「民生主義」は「社会主義」を包含するものになった。「革命」戦略の発展であると同時に、「帝国主義 **imperialism**」「社会主義 **socialism**」という西洋概念の和製漢語を通じた認識・思想の革新でもある。一挙に現代的な革命理論に転化したといってよい。

孫文は広州を本拠として、この路線にしたがい、国民党を改組した。時に一九二四年。社会主義国家を生み出したロシア革命が、そこには強く影響している。つまりボリシェヴィキの革命理論にのっとって、厳格な規律を有した集権的な組織をとるとともに、ソ連赤軍にならい党直属の軍隊を有して、政軍一体の体制をとった。われわれ現代日本人がふつうにイメージする政党とは、かなり異なった存在なのである。

こうした事情は、一九二一年に上海《シャンハイ》で、コミンテルンの支部として発足した中国共産党もかわらない。つまり国民党と共産党はそもそも、母胎を同じくした双生児のようなものである。なればこそ、いわゆる国共合作が成立できた。必ずしも異種異物の関係・結合ではなかったのである。

2 毛沢東

「国民革命」とは何だったのか

以後の過程を史上「国民革命」という。「中国」の「国民」「国家」化をめざし、また実地に本気でとりくんだ「革命」であり、辛亥革命という十五年前の「禅譲革命」とは、明らかに次元が異なっていた。

もっともその完遂には、空間的な統一と社会的な統合が必要である。軍閥が分立し、列強が勢力を扶植して、各地バラバラな割拠状態。貧富の格差が著しく懸隔し、上下の階層に分断された社会の構成。そんなありさまだった眼前の中国を、統一した「国家」・一元的な政権、求心的な「国民」・一体的な社会につくりかえることが、「国民革命」の課題であった。

孫文は国民党改組を果たした明くる年、一九二五年に世を去るものの、国共合作の「国民革命」は、折しも最高潮に達した反帝国主義の気運に乗じて、著しく勢力を拡大する。そして孫文を後継した蔣介石《しょうかいせき》(一八八七〜一九七五)が、党直属の国民革命軍を率いて、北伐を敢行した。南京に国民政府を樹立し、一九二八年には北京政府を倒したのである。

しかし国民国家として、中国を空間的にも社会的にも統合するのが「国民革命」の課題だったとすれば、蔣介石の国民政府はけっきょく、それを果たしえなかった。決して意欲がなかったわけではない。行動を怠ったわけでもない。けれども最終的には、頓挫《とんざ》してしまったのである。

たちはだかったのは、まず日本帝国主義である。その地盤は一九〇五年の日露戦勝以来、勢力を扶植した「満洲」で、中国人の軍閥も割拠していたところだから、いわゆる「瓜分《かぶん》」の典型ではあった。したがって日本は、「国民革命」に反撥した。中国のナショナリズムに真っ向から敵対したのである。

しかし英米は日本と異なって、「国民革命」との妥協を選択した。全面的な対立がかえって、ソ連の勢力拡大をもたらすことを恐れ、国民政府と提携することで、被害を最小限に食い止めようとしたからである。

かたや蔣介石の側も、中国の経済・文化の中心、江南をおさえると、方針を再考せざるをえなかった。そこに関係の深い列強と決定的に対立し、破局を迎えては、それまでの自らの功業を台無しにしてしまう恐れがあったからである。

蔣介石はかくてソ連と手を切り、英米と結ぶ方針に転じる。一九二七年四月一二日、反共クーデタを敢行、共産党を弾圧した。「民生主義」が社会主義・共産主義に転化しそうなのを阻止し、あわせて列強と正面衝突しそうなのを回避したわけである。

その結果、南京国民政府は、英米の支持をえて、対外的な軋轢を減じた半面、国内の統合は難しくなった。英米と深くつながる富裕層と一体化したために、社会の再編はすすまず、旧来の上下乖離した二元的な階級構成が温存されたからである。そうした観点から断ずれば、「国民革命」はすでに中国を統合する事業ではなくなっていた。

抗日戦争

それでも国民政府は一九三〇年代、対外的な摩擦を避けつつ、関税自主権の回復や幣制改革、あるいは公民教育などの施策を、精力的に実行していった。いずれも中国の統一を目的とするものである。蔣介石の方針は、その点で揺るぎなかった。共産党掃討の軍事作戦に力を注いだのも、その一環である。

そのままかれの思惑どおりにすすめば、あるいは別の局面、展開があったかもしれない。しかし世界恐慌をへて一九三〇年代に入ると、事態は大きく転換し、日中の対立がたちまち

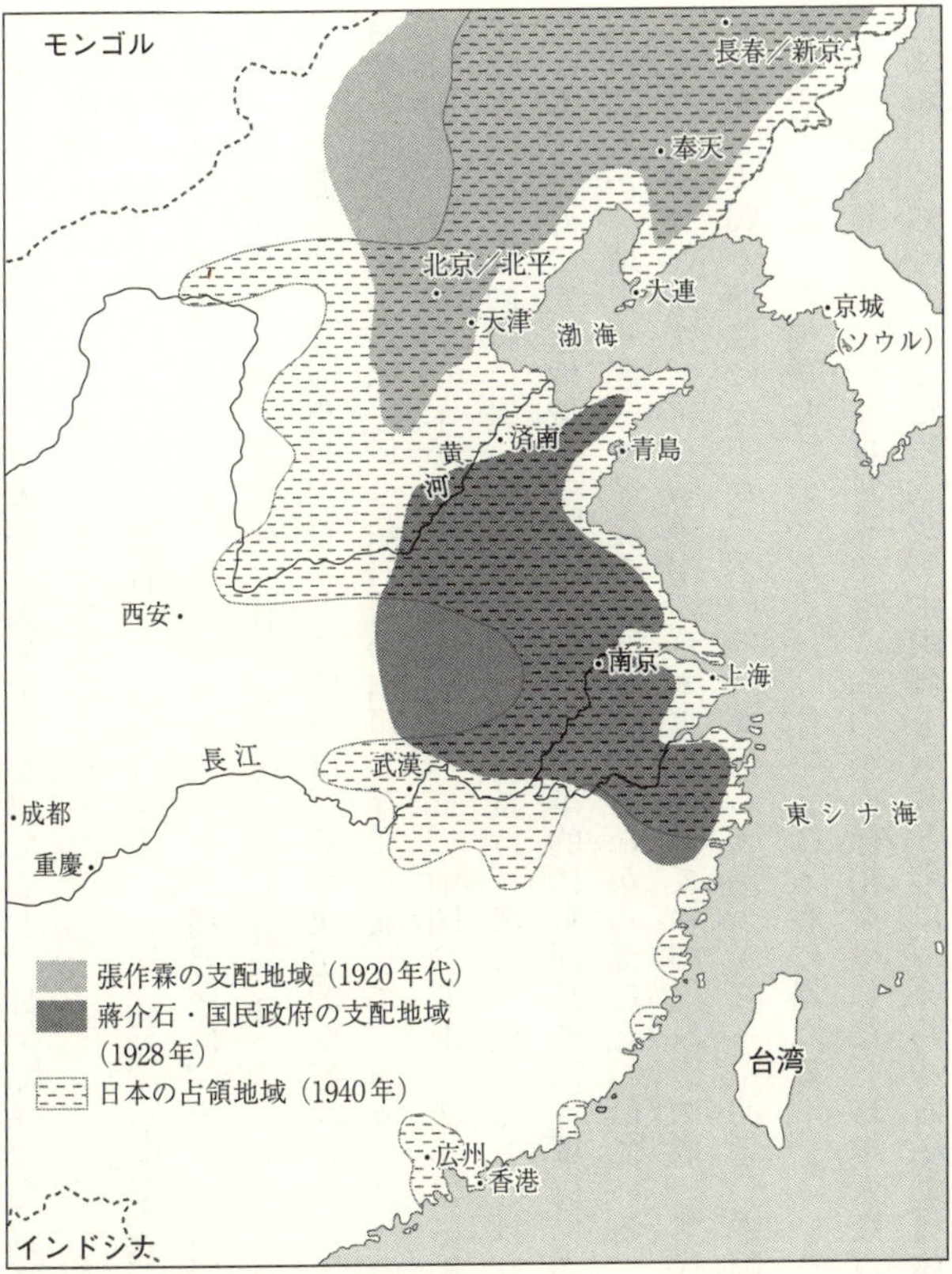

図表6　国民政府と抗日戦争

尖鋭《せんえい》化する。満洲事変で日本が「満洲国」を建てると、日中関係は交戦状態に移行し、その劇的な改善・完全な修復は、もはや難しくなった。

中国の側では、具体的な「抗日」という行動が、抽象的な「愛国主義」・ナショナリズムの理念と完全に重なり合った。少なくともエリート指導層は、その一点でまとまる気運が高まり、第二次国共合作・民族統一戦線の形成に導かれてゆく。一九三七年、盧溝橋《ろこうきょう》事件と第二次上海事変で全面化した日本との戦争は、その決定的な転換点になった。理念と行動の合致・一元化が、日本という敵対者の出現と存在を通じて、達成されたのである。

日中戦争は当初、日本が優勢な戦局を保って、中国の要地を次々に占領した。けれども国民党も共産党も内陸に退いて、頑強な抵抗を続け、決して屈することはなかった。それはあたかも、沿海の先進地域を支配下に置き、軍事的にも経済的にも優位にあった蔣介石の南京国民政府が、地方軍閥や共産党の撲滅を果たせなかったことに似ている。

その意味でいえば、抗日戦争中の日本軍がかつての国民政府に取って代わり、国・共は地方政権・軍閥の地位になった、というべきだろうか。もちろん前者が中国で人心をえず、後者が着々と社会に浸透していった点は、往時とはるかに異なる。

一九四五年までつづく抗日戦争は、総力戦の様相を呈した。日本人なら日本側のそのありさまをよく知っているだろうが、中国側も国共ともに、いわゆる総動員体制を余儀なくされる。つまり戦争遂行のために、権力が民間人をもこぞって動員しなくてはならず、そのためには一人一人を個別に把握しなくてはならない。

これは久しく民間社会を直接に治めることがなかった中国在来の政府権力の、かつてなしえなかったことである。「士」という上層エリートと「庶」の基層社会がはるかに乖離した二元構造は、戦時の総動員体制のなか、ようやく解消しはじめた。権力は半ば強制的に基層社会へ浸透し、従前の「士」「庶」の隔絶は、上下貫通の局面に転じる。中国にとって甚大な戦禍の一九三〇年代・四〇年代は、上下の一体化・社会の一元化がはじまった時代でもあったのである。

中華人民共和国の統合

抗日戦争が勝利におわっても、中国に平和は訪れなかった。日本という共通の敵を前に呉《ご》越同舟《えつどうしゅう》で手を携えてきた国民党と共産党が、まもなく軍事衝突し、内戦に突入したからである。

その帰趨を決めるポイントは、日本が占拠していた先進地域をいかに奪回、保持してゆくかであった。蔣介石・国民党はそこに失敗したのである。

とりわけ経済政策が深刻である。拙劣な通貨管理でハイパー・インフレを招来し、混乱は抗日戦争時に勝るとも劣らなかった。かててくわえて、目に余る綱紀の弛緩《しかん》・腐敗の蔓延は、国民党を支持、支援したアメリカも、あきれはてたほどである。せっかく日本から奪回した沿海の都市部・経済先進地域の人心を失い、共産党に乗ぜられる結果になった。

中国共産党をひきいる毛沢東は、むしろ内陸の農村、後進地域を地盤とする。そのため、スローガンは「農村が都市を包囲する」。国共内戦はまさしくそのとおりに、共産党の勝利に終わった。時に一九四九年一〇月一日、中華人民共和国の建国である。

しかしその船出は、多難であった。何しろ抗日戦争から国共内戦まで、十年以上にわたる戦火の後を受けてのことである。しかも国際情勢も厳しい。台湾にのがれた国民党とは、米ソ東西の冷戦構造に組み込まれ、対立せねばならなかった。いまなお、海峡をはさんで睨《にら》み合っている。

そんな建国早々の一九五〇年、おこったのが朝鮮戦争である。首都に近い朝鮮半島は、今も昔も中国にとって、安全保障の要に位置する。せめて平壌あたりからは、敵対勢力をなくしておかなくては、北京が危機に瀕《ひん》する、というのが、史上くりかえしてきた教訓であった。直近では、韓国を併合した日本帝国主義がそうである。満洲事変・抗日戦争の二の舞になりかねない。

中国のいわゆる義勇軍が朝鮮戦争に介入し、北朝鮮を死守したゆえんである。しかもその姿勢は、現在にいたるまで、何らかわっていない。朝鮮半島の南北分断解消に見通しがつかないのは、何よりこうした中国の利害に関わるところが大きいのである。

対外的な危機に直面する一方で、対内的な統合はすすんだ。むしろ外の危機が高まったからこそ、力づくで内の統合に踏み切らざるをえなかったというべきだろうか。

象徴的なのは、チベットである。民国時代以来、事実上の自治独立を果たしていたチベットに、圧倒的な軍事力を送りこんで、領土として統合した。進駐をはじめたのは、朝鮮戦争と同じ一九五〇年、歴史的な課題だった、国土の一体化を果たすねらいである。

写真12　蔣介石（左）と毛沢東

しかしそれは、いまも解決の糸口のみえないチベット問題・民族問題の直接の出発点でもあった。その間の事情は、大なり小なり、内蒙古《ないもうこ》や新疆もかわらない。「少数民族」「自治区」という呼称を共通して有するのは、何とも象徴的である。

戦時統制の時代

対外的な危機は、確かに重大だった。とりわけ西側と決定的に対立、断絶したことで、経済的財政的な損害と負担もおびただしい。しかし中国にとって、必ずしもすべてが不利だというわけでもなかった。国内の統合が進んだからである。上に述べた政治・軍事にとどまらない。むしろ社会的・経済的な側面が重要であった。

蔣介石の国民政府は、世界経済とつながる沿海地域の商工業を保護し、ポンド・ドルという英米の国際通貨とリンクした「法幣《ほうへい》」で幣制を統一して、国民経済の統合を果たそうとした。しかし世界恐慌・大戦・内戦で、その事業を完遂できなかったのは、よく知られたところである。

冷戦構造のなか、同一の情況をひきついだ毛沢東政権は、国民政府とはまったく逆のコースを歩んだ。資本主義の西側諸国との経済関係が極度に制限されたから、世界経済とはほとんど切り離された大陸の政権は、いわば対外的な断絶を通じて、国内の求心力を高めたのである。

たとえば人民元による通貨統一は、その典型である。各地の雑多な貨幣や軍票を駆逐して、中国一律の管理通貨制を布いた。つい四半世紀前は、中国各地バラバラの貨幣が混在しており、「雑種幣制」と蔑視を受けていたのであって、国民政府の「法幣」でも、その統一は実現していない。史上空前の事業である。

くわえて「計画経済」という名のもと、農村部では農業の集団化・都市部では商工業企業の国営化をすすめた。いずれも政府当局・党権力が、民間の経済活動に密着し、中央政府の意思を現場へ徹底させようとするものである。

すでに土地改革をすすめていた農村はともかく、都市部の民間企業の国営化は、困難が予想された。ところが案に違って、諦観《ていかん》した商工業者から、さしたる抵抗に遭わなかったため、集団化・国営化は急速に進展し、「計画経済」の体制に一変したのである。

もっともそうした動きは、必ずしも経済的あるいは経営的な合理性に即していたわけではない。むしろ強い政治的・軍事的な動機と圧力によるものだった。対外的な危機のなか、西側に対抗できるだけの重化学工業の発展と食糧の増産を必要としたからである。

「計画経済」といえば、たしかに「社会主義化」の一環であって、共産党がめざした目標であったことはまちがいない。しかしその実質はむしろ、嶮《けわ》しい国際情勢に応じた戦時統制とみなすべきである。基層社会への権力浸透は、抗日戦争以来の総動員体制から進展していた。当時はその余勢を駆ったものととらえるべきだろうか。

「未曾有の革命」

ともかくその結果は、顕著であった。共産党の治める中華人民共和国は、一見しただけなら、それまでの中国とまったく異なるものとなっていたからである。

たとえば日本の東洋史家・矢野仁一《やのじんいち》（一八七三～一九七〇）は、毛沢東の「革命」は、「中国の社会の構成を変え、文化の性格を変え、世界観を変えた」、「中国歴史未曾有の革命」だと激賞した。日本で毛沢東の中国を理想郷だと見る人は多かったけれども、それは社会主義を信奉する、あるいは共感する人が大多数だったことによる。そのなかでこの評価は、きわだった異例だといってよい。

矢野といえば、王朝時代の中国文化をこよなく愛し、おびただしい研究業績を残した学者である。その半面、理念と行動がかけ離れた民国時代の中国ナショナリズムを欺瞞《ぎまん》だと厳しく非難し、「王道楽土」を標榜した「満洲国」の建国に左袒《さたん》した。そのため戦後は、日本帝国主義に協力したとしてパージされ、そのまま引退している。もちろん社会主義・共産主義にも、何らシンパシーを感じたことはない。

そのかれが毛沢東の「人民革命」を高く評価した。王朝時代・民国時代の中国を知りつくしたかれが、「指導者たる官公吏の清廉質素」、犯罪・匪賊《ひぞく》の「絶無」「絶滅」という「未曾有の」現象をみてとったからである。

官吏が腐敗し、犯罪が多発し、匪賊が横行していたのが、民国までの中国社会のありようであった。それはむしろ歴史的、構造的なものである。数百年にわたってできあがった「士」「庶」、「官」「民」で上下乖離した二元社会は、二〇世紀に入っても厳存し、なおかつそれを統治すべき強力な政府が存在しなかった。そのため、エリートに対する規制取締・民間に対する治安維持がゆきとどかず、いわば弱肉強食を野放しした状態となっていたのである。

基層社会への権力浸透は、さしあたってそうした弊害を一掃した。国家と社会の一体化がすすんで、西洋近代の国民国家の体制に近づいたのである。そこに着眼した矢野にとって、毛沢東の事業はまさに「社会の構成」を変えた「未曾有の革命」なのであり、それが社会主義であろうと資本主義であろうと、選ぶところではなかった。

写真13　矢野仁一

3 「改革開放」の歴史的位置

「百家争鳴」から「大躍進」へ

一体化した国民国家は、二〇世紀の「中国」が念願したものだった。それが矢野仁一のいうとおり、ほんとうに実現していたとすれば、「革命」は達成されたわけであり、その上に重ねて「革命」をおこす必要はないはずである。

しかし中国の実情は、混迷していた。一体化にみえたのは、やはり非常時の強制・諦念にすぎず、当事者がこぞって納得したものではなかったらしい。それをよく示すのは一九五七年、「百花斉放《せいほう》・百家争鳴」から反右派闘争に至る過程である。

その前年、ソ連でおこったスターリン批判は、東側で共産党支配に対する信頼を揺るがす事態をもたらしていた。中国共産党も例外ではない。危機感を覚え、「百花斉放・百家争鳴」と称して、都市部の知識人たちに自由な発言をうながすことにした。「百家」は諸子百家、かつて体制教学だった儒教以外の学術のこと、ここでは体制イデオロギーのマルクス主義以外の思想・学説を意味した。スターリン批判の事態にあたって、建国以来、必ずしも共産主義を屑《いさぎよ》しとしてこなかった知識人に対するガス抜きともいえる措置である。

けれどもそうした意見表明が実際に始まってみると、共産党が想定した範囲をこえて、体制批判が噴出した。党幹部と農民との所得格差を厳しく指摘する声すらあがっている。

驚いた共産党は、にわかに弾圧に転じ、批判者たちに「右派」のレッテルを貼って、社会的な地位を剝奪《はくだつ》した。この知識人弾圧で、中国の文藝思想・科学技術は、大きな欠落を余儀なくされる。ますます現実からかけ離れ、常軌を逸した政策・運動を導いていった。

翌年にはじまる「大躍進《だいやくしん》」は、その典型だった。急進的な社会主義化を通じて、高度経済成長を果たし、十数年間のうちに、当時世界第二の経済大国イギリスを追い越そうという計画である。設備投資・製造技術を閑却しても、国家の計画どおりに庶民を動員すれば、農業・工業で年二〇%前後の大増産を実現できる、と本気で考えていた。

その結果はいまや、明白である。経済に大混乱をきたしたばかりにとどまらない。数千万人に上る餓死者を出す災禍であった。「大躍進」を主導した毛沢東は、国家主席を辞任せざるをえなかったのである。

代わって政権を運営したのは、劉少奇《りゅうしょうき》国家主席・鄧小平《とうしょうへい》総書記である。かれらは経済を建てなおすため、定量以上の収穫の自由販売を農民にみとめるなど、一部に市場経済をとりいれた調整政策を施した。その効果もあって、一九六〇年代の前半には、ようやく生産も回復のきざしを見せてくる。

ところが毛沢東は、こうした動きを傍らで苦々しくみていた。そのあげくにひきおこしたのが文化大革命である。中国はまたしても、「革命」を体験しなくてはならなかった。

文化大革命

のちに「十年の動乱」と断罪された文革《ぶんかく》の全過程を、ここでくわしく跡づける余裕も、おそらく必要もない。あらゆる真相がすべてわかるわけではないものの、おぞましいといってもいい経過が、かなり明らかになってきたからである。もとより劉少奇をはじめ、おびただしい犠牲者を出した事実を忘れてはならない。かつて盲目的に傾倒、賛美したことのある日本人ならば、なおさらそうだろう。

しかし現在のわれわれにさしあたって必要なのは、なぜそんな事件がおこったのか、そこからどのようにして、今の中国になっているのか、をあらためて問い直すことではあるまいか。それが当時の過ちをくりかえさないことにもつながる。

毛沢東に最大の責任があるのは、いうまでもあるまい。しかしかれ一人だけで、いったい何ができただろうか。かれの主観に応じ、その企図を支持し、肥大化させた勢力が存在し、また悲劇に転化させる力学が作用していたはずである。

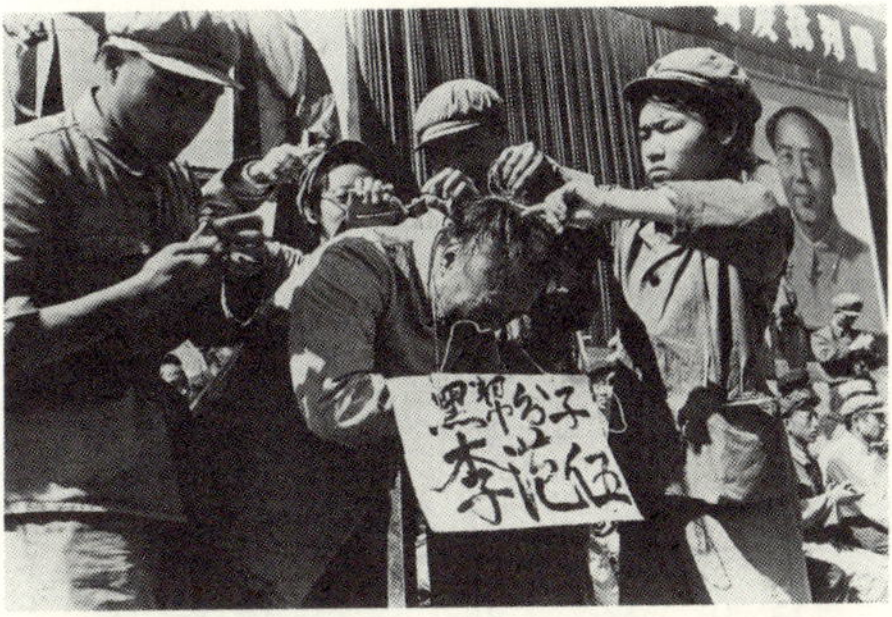

写真14　文化大革命で，「反革命分子」の髪を切り自己批判を迫る紅衛兵
写真：共同通信社.

文革当初、「実権派」「走資派《そうしは》」というレッテルがあった。攻撃目標だった劉少奇らを指す。とくに後者は、資本主義の道を歩む裏切り者といったニュアンスであり、そんなかれらから「実権」を奪うのがねらいだった。

中国共産党の事業を「未曾有の革命」と称賛した矢野仁一も、さすがにこの文化大革命には眉を顰めて、「わけのわからぬ」権力闘争だと指弾した。そして劉少奇は「ブルジョアの回し者」ではないと辯護《べんご》している。

額面どおりには、矢野の言が正しいのだろうし、毛沢東のいう「資本主義」も、曲解捏造《ねつぞう》だったかもしれない。しかしおびただしい「紅衛兵《こうえいへい》」が出現し、それに呼応し兇行《きょうこう》のかぎりをつくした事実は、決して軽くない。

矢野がいうように、「社会の構成」が一変していた、上下一体の政治社会になっていたとすれば、「実権」を握った指導層や知識人たちが、ここまで憎悪、攻撃、迫害されるはずはない。「紅衛兵」を供給する下層の人々からすれば、上層はあくまで外者であり、敵対者なのであった。

つまり中国はなお、二元社会だった。そうした二元構造を一元化すべく、下層が上層を撃滅するのが、毛沢東のいう「階級闘争」なのであり、その課題はかれにとって、おそらく反右派闘争、いな国共内戦のころから変わっていない。「実権派」の「修正主義」的政策は、二元構造を温存、助長し、毛沢東の念願するその一元化を遠ざけかねない危機だった。かれが再び、あえて「革命」を発動したゆえんである。

「社会主義市場経済」

毛沢東の主観的な企図はどうあれ、現実の文革の結末は、惨憺《さんたん》たるものであった。とりわけ顕著なのは、経済の落ち込みである。そこに「走資派」鄧小平の復活する余地があった。

かれらの到達した結論は、毛沢東的な「革命」「階級闘争」、上下一体化は実現困難であって、むしろ二元構造のまま、共産党支配を維持し、なおかつ経済を再建しようとの方針である。それが一九七八年にはじまる「改革開放」であり、のち「社会主義市場経済」という体制に結実する方針の採用だった。

一見すれば「社会主義」と「市場経済」とは矛盾する、相い容れない概念である。しかし中国の実情には、適合した表現だといってよい。政治は「社会主義」を信奉する共産党が一手にひきうけ、経済は民間が「市場経済」をとりいれて建てなおしてゆく、という二元構造をいいあらわしているからである。毛沢東も最後まで克服できなかった上下乖離の社会構成にみあう体制だった。

みあっていたからこそ、「改革開放」は急速な成果を収めてゆく。一九八〇年代前半までに農村改革が成功して、生産力を回復、伸長させたのにつづき、都市にも「商品経済」つまり市場経済を容認して、企業活動の活性化をもたらした。

九〇年代に入って、「市場経済」の全面化にふみきると、中国は長期にわたる高度成長を実現した。その結果が現在の経済大国なのであり、そのプロセスはまだ終わっていない。

「社会主義市場経済」が中国旧来の社会構成に応じた体制だとするなら、旧来の構造に根ざす弊害も、また免れなかった。かつて毛沢東がめざし、達成しかけたかにみえた中国の一体化は、一種の極限的な統制状態のなか、上下とも貧しくなったにひとしい。しかしひとたび富を得れば、かれが敵視した二元構造の上下乖離が、とめどもなくひろがっていった。いまはそれを「格差」と呼んでいる。

矢野仁一が「人民革命」による「中国歴史未曾有の」成果と評した「指導者たる官公吏の清廉質素」と犯罪の「絶無」化は、もはや見る影もない。継続する経済発展は、あくなき富の追求をうみだし、格差の拡大ばかりか、腐敗の蔓延・犯罪の多発など、社会不安・治安悪化をひきおこしている。

経済発展にともなって、分配の不公平・信用の欠落・汚職腐敗などの問題も発生した。その解決には、経済体制の改革のみならず、政治体制、とりわけ党と国家の指導制度の改革を進めなくてはならない。いま改革は難しい段階に直面している。政治体制の改革が成功しなくては、経済体制の改革は徹底できない。獲得した成果も失いかねないし、社会に新たに発生した問題も根本的な解決は不可能だ。文化大革命のような歴史的悲劇がふたたび起こる可能性もある。

これは温家宝《おんかほう》前首相が、二〇一二年三月一四日、全人代《ぜんじんだい》閉幕後の記者会見で語ったことばである。いわゆる「政治体制」「経済体制」の「改革」が具体的に何を指すのかは、今もってはかりがたい。しかし切迫した危機感の表明ではあって、深刻化の一途にある格差・腐敗などの「社会」「問題」が、「文化大革命のような歴史的悲劇」に結びつきかねない、と恐れていることだけは確かである。

この警告を受けて発足した現政権をひきいる習近平《しゅうきんぺい》国家主席は、目下、「法治」による言論の統制と反「腐敗」キャンペーンにいそしんでいる。それが温家宝のいう「改革」に相当するのかどうか、これまた誰にもわからない。

ただひとつ確かなのは、いまなお「改革開放」路線と文革路線の間で揺れる中国が、その背後に厳存する歴史の遺制とも格闘している、ということであろう。百年前からの「革命」は、どうやらまだ終わっていないようである。

むすび——現代の日中関係

歴史認識

「人民解放」から「改革開放」へ。中華人民共和国の歩みは、艱難をきわめた。犠牲になった人もおびただしい。「革命」に彩られ、内戦と戦争に明け暮れた建国以前と合わせてみれば、二〇世紀の中国は、いよいよ激動艱苦の道を歩んでいた、といえるだろう。

そんな百年、中国の思考・発言・行動は、目まぐるしい転変をくりかえした。けれどもその経過を貫いていたのは、中国の言動を根柢で枠づける社会構造、論理枠組の本質が、いかに変わらなかったか、という事実ではなかろうか。

イデオロギー・体制は君主独裁制から立憲共和制、三民主義からマルクス主義、計画経済から市場経済へ移り変わっていった。しかしその前提に必ず存在していたのは、「士」「庶」

が隔絶し、上下が乖離した社会構成である。
これは歴史のなかでできあがった構造原理なのであって、中国は従うにせよ抗うにせよ、その原理に応じざるをえない。そんな論理が現代中国の言動パターンを形づくっていて、たとえば、わが日本と関わりの深い世界観、時間と空間の観念も、同じことがいえよう。

時間の観念とは、いわゆる「歴史認識」のことであって、こう表現すればわかりやすい。その根はやはり二〇世紀のはじめ、ちょうど梁啓超が近代的な歴史学をつくった時にある。「中国」という国家と社会の歴史を書け、とよびかけたかれは、断代史・紀伝体のスタイルをとる旧来の史書を非難して、「理想」がない、といいつのった。この発言には共感を覚えながら、同時に腑《ふ》に落ちないところも残る。はたして旧史に「理想」はなかったのだろうか。

旧来の史学になかった「理想」とは、近代的な「愛国主義」のことである。確かにそれは、旧史学に存在しなかった。けれども儒教の教義という「理想」は、厳然としてあったはずである。むしろその「理想」のほうに、史実分析・歴史叙述が従属していた。

梁啓超以後の「中国」人は、旧《ふる》き史学を厳しく批判して、断代史・紀伝体という体例・スタイルからは確かに脱却した。しかしながら、「理想」・イデオロギーを考証・叙述の前提・目的としてしまう論理構造は、旧史と変わってはいない。

旧史のスタイルとともに、儒教のドグマが退場したのはまちがいない。それでも愛国主義・三民主義・マルクス主義・毛沢東主義など、体制イデオロギーは最上の価値を与えられ、中国を覆っている。それが続くかぎり、「正統」のイデオロギー・ドグマを説明し、正当化する、という歴史の位置づけと役割も変わらない。

したがって「中国」の歴史学では、中華の史学と同じく、依然として体制イデオロギーを標準とした、史上の人物・政権・事件に対する正邪の判定を何より重視する。現代の「正しい歴史認識」も、そうした意味にほかならない。「満洲国」は「偽」でなくてはならないし、「南京大虐殺」は「三十万人」でなくてはならないのである。

「中国」での歴史とは、かつての史学と同じく、政権・イデオロギーの利害得失を代辯、説明、主張するものであって、われわれが「学問の自由」「言論の自由」にもとづく、と普通に考えがちな歴史学とは、次元の異なる存在である。昨今の「歴史認識」問題もそう考えなくては、納得できないことが少なくあるまい。

領土問題

同じく日本との関係で重大なのは、尖閣という領土問題である。そうはいっても、問題は日本に限ったことではない。中国軍の岩礁埋立てで波高い南シナ海でも、事情はまったく同じである。

そもそも中国ほど、国境問題・領土問題を抱えた国も少ない。そしてどの相手国に対しても共通するのは、一方的な主張と大国意識、卑俗な言い方をすれば、「上から目線」の存在であって、そこにはどうやら史上の論理が作用している。

たとえば「華」「夷」の秩序である。これは礼制にもとづく上下関係なので、中華は常に外夷より上位・優位にあると措定された。それはよい。両者の関係の客観的な実態はどうあれ、主観的な措定そのものは、まちがいない事実だからである。

しかし二〇世紀の漢人たちは、そうした礼制にもとづく秩序措定に代えて、「中国」という nation と国際関係を選択した。国際関係は主権国家どうしの対等を原則とする。それなら「中国」の世界観・空間認識は、かつての「華」「夷」の上下関係から一変したはずである。

たしかに二〇世紀の前半、帝国主義の圧迫を受けていたころは、列強との対等な関係こそ、「中国」の念願だった。しかし抗日戦争に勝利してそれを果たすや、またぞろ歴史的な遺制が顕在化してきた。

つまり、自分たち「中国」は中華・上位、周辺国は外夷・下位であるべしという世界観である。しかもそれが西洋流の nation や主権の観念と結びついて、自らの nation を守るべく「愛国」につとめ、いわば「攘夷」を厭《いと》ってはならぬ、という主張に転化した。その発現が日本やベトナム・フィリピンなどに対する大国意識、「上から目線」であり、相手に耳を貸さない領土問題での行動様式にほかならない。

もとより外国にとどまらず、国内もそうである。二〇世紀初めの漢人たちは、nationたる「中国」を既存の清朝と重ね合わせて構想したから、その範囲を主権が及ぶ「中国」の領土であり、そこにすむ人々を「中国」の国民であるとみなした。そして、そこにも「華」「夷」の上下関係・優劣意識が作用している。

つまり、清朝の範囲内に暮らすモンゴル人・チベット人は、自分たち漢人より下位に属するので、その住地と一体化して同化すべきだ、という論理になった。たとえば、「五族共和」「中華民族」をとなえた孫文は、漢人への「同化」がその意味内容だと明言している。現代の「中華民族」を定義する「多元一体」も、その言い換えにすぎず、したがって習近平が「中国の夢」だと語る「中華民族の復興」も、ほとんど意味はかわらない。チベット人・ウイグル族が反撥するゆえんである。

かつて中華に属したことがあれば、そこに「中国」の領土主権がある、という論理は、モンゴル・チベットという民族問題にも、尖閣・南沙《なんさ》という領土問題にも共通する。われわれはかくて今も、「中国の論理」と向き合わざるをえない。そしてそれは、長い歴史が培ってきたものなのである。

あとがき

世はただいま「嫌中」一色。中国の悪口を書かないと売れない、と出版業界も口をそろえる。この不況では迎合でなくとも、世間の風向きに背を向けるわけにはいかない。

中国の研究を生業《なりわい》にするわれわれとしても、厳しい時代ではある。好悪は個人の自由だし、また感情の問題だから、当人に任せるほかない。

かくて中国本はそれなりに売れても、中国学を尊重する人びとは減少の一途。危機感はつのりながら、どうも釈然としない思いにかられる。

筆者だって、中国・中国人が好きか、嫌いか、と聞かれれば、嫌いだ、と答えるだろう。しかしおもしろいか、つまらないか、と聞かれれば、答えは断然、前者である。こんなおもしろい国は少ないし、これほど興味をかきたてる人々もいない。

おもしろければ好き、というのが、いわば日本の論理である。しかし中国に関しては、必ずしもそうならない。筆者の立場だけではなく、中国人もそうである。政治と文化、あるいは「反日」と「爆買い」の関係をみれば一目瞭然《りょうぜん》、それを知らない、知ろうとしない日本人が多すぎる。

よく知らないのに、好き、嫌い、という感情をつのらせるのが、一番困る。よく知らないのに嫌い、なのは、食わず嫌いだし、好きだ、というのも、一目惚《ひとめぼ》れ。いずれにしても、大の大人のやることではない。

「嫌中」本が売れるというのも、嫌いな外国に悪態をついて、溜飲《りゅういん》を下げるだけのことである。別にお相手は、中国でも韓国でもよい。はたまたアメリカでもけっこう。中国人・韓国人がよく日本の悪口をいうから、腹が立つだけのことである。それなら要するに、子供のケンカにすぎない。

溜飲が下がればそれでおわり、興味を失う、という習癖が日本人にはあるようで、「嫌中」はそこが困る。小にしては個人の楽しみをみすみす失うことになるし、大にしては重要な日中関係そのものに悪い影響を及ぼしかねない。

嫌いで、別にかまわない。筆者も中国の物言い・振る舞いに腹が立つ一人である。しかし俗にいえば、「嫌い嫌いも、好きのうち」。嫌いという感情をもつのだから、ひとまずは全くの無関心ではない。気になる、興味があるのであって、その裏返しなはずである。くれぐれも溜飲を下げたまま放置しないで、いま一歩、観察・考察をすすめてほしい。

勤め先で数年前から講義してきた「東洋史概論」が、小著のベースになっている。学生諸君に東洋史学・中国史の概略を摑《つか》んでもらう授業ながら、半ば強要した話ではあって、それだけに「悪評」嘖嘖《さくさく》、「わからない」「厳しい」と毎年お叱りをいただいた。自身の力不足は棚上げにすれば、中国の話は日本と多分に異質だし、どうしても漢字がたくさん出てくるので、漢語にあまり親しまなくなった若い方々では、なじみにくいのはやむをえない。

世人はよく誤解する。難解であれば高尚なのだと。これは海外の高度な文化を摂取することで、自らの文明を構築してきた日本人の歴史的習癖である。漢語であれ横文字であれ、難解な外国語をみればコンプレックスを抱きがち、ひいては、知識人が浅薄な知識を衒《てら》って威張り、大衆が一知半解を悟らずにもてはやす社会的土壌をなしている。

明快平易なほど尊い、というのが筆者年来の立場。だから「わからない」という評価が一番こたえる。毎年、試行錯誤のくりかえし、なんとか少しでもわかりやすく、嫌いな中国に近づいてもらう手立てはないものか。学問や世上の動きばかりでなく、自身の日常業務でも共通する悩みだったのである。

思いあぐねているうち、お声をかけてくださったのが、中央公論新社の小野一雄さん。「中国の論理」というタイトルも、小野さんの発案である。「中国を理解するための入り口」となる、「日本や西洋的視点からは理解しにくい中国の論理」を解説する新書を書け、とのご下命。それにぴたりと合うのが、「概論」で講じた内容だったし、一瞬で消える講義であれこれ言うより、後々にも残る文字で読んでもらったほうがよいかもしれない。そう思って、講義ノートを一から整理しなおしてみた。

それでも日本人にとって、中国はやはり難しい。本質的に難しいものを口当たりよくしすぎると、かえって過誤のもと。「嫌中」本もふくめ、どうも巷の中国モノは、そんなものが少なくない。歯ごたえのあるものは、やはりしっかり嚙《か》んでもらわないと、咀嚼《そしゃく》力・消化力が落ちてしまう。かといって、はじめから歯が立たないと摂取もかなわず、営養にもならぬ。塩梅が実に難しい。

そこで、畏友《いゆう》の武上真理子さん、目黒杏子さんに一読をお願いして、そうした塩梅もふくめ、貴重なご教示を得ることができた。目黒さんには年表の作成でも、お手数をかけている。希有の機会をくださった小野さんとあわせ、満腔の謝意を捧げたい。

世界の海運業界には、Greece Logic という言い回しがあるのだそう。「アキレスは亀に追いつけない」のような、メチャクチャな屁理屈の謂で、世界的な海運国ギリシアの人々が、平然と弄するものだからという。

ギリシアならぬ「中国の論理」も、われわれにはともすれば理不尽に感じられる。しかし小著で跡づけてきたそれは、必ずしもメチャクチャではない。一見とんでもない理屈でも、それは歴史的な所産であって、その筋道をたどると、納得できることもある。理不尽に屈する必要はないけれども、「論理」に対するそれなりの洞察と理解がなくては、感情ばかりで動くことになりかねない。

小著を手にとっていただいた諸賢なれば、洞察・理解の意欲はあり、また準備もできているはず。嫌いな中国が少しでもおもしろくなる一助になれば、望外の喜びである。

二〇一六年六月　EU離脱の是非を問う英国国民投票の結果を聞きながら

岡本隆司

檀上寛『永楽帝――華夷秩序の完成』講談社学術文庫，2012年
内藤湖南著／礪波護編『東洋文化史』中公クラシックス，2004年
狹間直樹『梁啓超――東アジア文明史の転換』岩波現代全書，2016年
坂野正高『近代中国政治外交史――ヴァスコ・ダ・ガマから五四運動まで』東京大学出版会，1973年
マカートニー著／坂野正高訳注『中国訪問使節日記』平凡社東洋文庫，1975年
宮崎市定『科挙――中国の試験地獄』中公文庫，1984年
――『九品官人法の研究――科挙前史』中公文庫，1997年
――『現代語訳　論語』岩波現代文庫，2000年
――『中国史』2冊，岩波文庫，2015年
――著／礪波護編『中国文明論集』岩波文庫，1995年
――著／礪波護編『東洋的近世』中公文庫，1999年
矢野仁一『中国人民革命史論』三島海雲，1966年
吉川幸次郎『支那人の古典とその生活』岩波書店，1964年改版
――『論語』2冊，中国古典選，朝日選書，1996年

参考文献

引用したものを中心に，親しみやすい文庫・新書・選書のたぐいを選んだ．もちろん全集や著作集などに収めるものもあるので，記載の書誌がすべてではない．ともかくしかじかの時代・トピックにつき，必要最小限を挙げるにとどめている．もっと深く考察したい向きは，それぞれの著述が勧める専門的な文献にあたってほしい．

石川禎浩『シリーズ中国近現代史③　革命とナショナリズム1925-1945』岩波新書，2010年
石田幹之助『長安の春』講談社学術文庫，1979年
岡田英弘『世界史の誕生――モンゴルの発展と伝統』ちくま文庫，1999年
――・神田信夫・松村潤『紫禁城の栄光――明・清全史』講談社学術文庫，2006年
岡本隆司『世界のなかの日清韓関係史――交隣と属国、自主と独立』講談社選書メチエ，2008年
――『李鴻章――東アジアの近代』岩波新書，2011年
――『近代中国史』ちくま新書，2013年
――『袁世凱――現代中国の出発』岩波新書，2015年
――編『中国経済史』名古屋大学出版会，2013年
E・H・カー著／清水幾太郎訳『歴史とは何か』岩波新書，1962年
川勝義雄『中国人の歴史意識』平凡社ライブラリー，1993年
島田虔次『朱子学と陽明学』岩波新書，1967年
――『中国の伝統思想』みすず書房，2001年
――『中国思想史の研究』京都大学学術出版会，2002年
杉山正明『クビライの挑戦――モンゴルによる世界史の大転回』講談社学術文庫，2010年
谷川道雄『隋唐世界帝国の形成』講談社学術文庫，2008年
田村実造編著『世界の歴史 9　最後の東洋的社会』中公文庫，1975年

1924	国民党第一回全国代表大会．第一次国共合作
1925	孫文死去
1926	国民革命軍，北伐開始
1927	蔣介石，上海クーデターを起こし，南京に国民政府を樹立
1931	満洲事変
1932	上海事変勃発，満洲国成立
1936	西安事件
1937	盧溝橋事件，第二次国共合作成立，「南京大虐殺」事件
1945	日中戦争終結，毛沢東と蔣介石が重慶で会談
1946	国共内戦開始
1949	中国共産党，内戦に勝利，中華人民共和国成立
1950	朝鮮戦争
1951	人民解放軍，ラサに進駐
1953	第一次五ヵ年計画
1956	「百花斉放，百家争鳴」
1958	大躍進運動
1966	文化大革命（～1976年）
1972	日中国交回復
1978	「改革開放」はじまる

1661	康熙帝即位
1722	雍正帝即位
1735	乾隆帝即位
1757	「新疆」征服
1793	マカートニー使節団来朝
1838	道光帝，アヘン貿易禁圧のため，林則徐を広州に派遣
1842	南京条約締結
1851	太平天国の乱
1856	アロー号事件
1860	英仏連合軍，北京に侵攻
1879	日本による琉球処分
1882	ソウルで壬午軍乱
1884	ソウルで甲申政変，ベトナムで清仏戦争
1894	日清戦争
1895	下関条約締結
1897	康有為『孔子改制考』刊行
1898	6月に「戊戌変法」開始，9月に政変，「変法」派の弾圧．康有為と梁啓超，日本に亡命．横浜で『清議報』創刊．厳復『天演論』刊行
1900	義和団事変
1901	北京議定書締結．梁啓超，横浜で『新民叢報』を創刊し，「新民説」を連載開始
1902	梁啓超「新史学」発表
1904	日露戦争（～1905年）
1905	科挙廃止．東京で中国同盟会結成，『民報』創刊
1910	日本，韓国併合
1911	辛亥革命
1912	中華民国成立．袁世凱，臨時大総統に就任
1913	第二革命．袁世凱，大総統に就任
1914	第一次世界大戦（～1918年）
1915	二十一ヵ条要求．袁世凱，中華帝国皇帝に即位．陳独秀，上海で『新青年』創刊
1916	第三革命．袁世凱死去
1919	孫文，中国国民党を組織
1921	中国共産党成立

960	宋王朝成立
1004	「澶淵の盟」
1038	西夏の建国
1043	范仲淹,「参知政事」(副宰相)となる
1053	欧陽脩『五代史記』(『新五代史』)完成
1069	「新法」開始
1084	司馬光『資治通鑑』完成
1085	北宋の神宗死去,「新法」廃止
1115	金の建国
1125	金,契丹を滅ぼす
1127	靖康の変,金が北宋を滅ぼす.南宋の高宗,即位.
1138	金と南宋の間で和議が成立
1174	袁枢『通鑑紀事本末』完成
1234	モンゴル,金を滅ぼす
1259	モンゴル,高麗を征服
1271	モンゴルのクビライ,国号を「大元」とする
1274	モンゴルの第一次日本遠征(文永の役)
1276	モンゴル,南宋を滅ぼす
1281	モンゴルの第二次日本遠征(弘安の役)
1321頃	曾先之『十八史略』刊行
1368	明王朝成立
1371	初の「海禁令」
1402	永楽帝即位
1404	足利義満,永楽帝より「日本国王」に封建
1405	鄭和の第一回南海遠征
1410	永楽帝の第一回モンゴル親征
1421	永楽帝,北京に遷都
1550	モンゴルの北京包囲(庚戌の変)
1553	嘉靖の大倭寇
1583	ヌルハチ挙兵
1592	豊臣秀吉の朝鮮出兵
1616	ヌルハチ,ハンとなる.後金建国
1624	宦官派の東林党弾圧
1636	ホンタイジ,皇帝即位,清朝成立
1641	李自成の反乱
1644	明滅亡

265	魏の禅譲を受け，晋王朝（西晋）成立
280	晋，呉を併合
280以降	陳壽『三国志』の成立
300	八王の乱（〜306年）
304	匈奴の劉淵，漢王となる
311	永嘉の喪乱
316	西晋滅亡
317	東晋王朝成立
420	東晋の禅譲を受け，宋王朝（劉宋）成立
439	北魏，華北を統一
479	劉宋の禅譲を受け，斉王朝（南斉）成立
502	南斉の禅譲を受け，梁の武帝が即位
550頃	府兵制はじまる
557	北周王朝成立．梁王朝滅亡，陳王朝成立
577	北周，華北を統一
581	北周の禅譲を受け，隋王朝成立
587頃	科挙の開始
589	隋，陳を滅ぼし天下を統一
618	隋の煬帝殺害，唐王朝成立
624	唐，新羅を「楽浪郡王」に封建
626	唐の太宗，即位．「貞観の治」（〜649年）
630	太宗，「天可汗」の称号を受ける．第一回遣唐使派遣
632	『貞観氏族志』の編纂
663	白村江の戦い，唐・新羅が日本を破る
668	高句麗滅亡．唐，平壌に安東都護府をおく
676	新羅，朝鮮半島を統一
712	玄宗即位
744	ウイグルが突厥を滅ぼし自立
755	安史の乱
763	安史の乱終息．吐蕃，唐に侵攻
840	ウイグル国崩壊，一部が西遷
904	朱全忠，唐の昭宗殺害
907	朱全忠，即位，後梁王朝成立．「五代」のはじまり
916	耶律阿保機が皇帝に即位し，契丹国樹立
936	後晋，「燕雲十六州」を契丹へ割譲

略年表

＊本文に出てきた史実を中心にまとめた
＊各々に関わる王朝・時代の名称は，19頁の図表1を参照

西　暦	事　項
B.C.722	『春秋』の記述開始（～ B.C.481年）
B.C.551	孔子，生まれる
B.C.450	墨子の活動（～ B.C.400年頃）
B.C.350前後	孟子の活動
B.C.300前後	荀子の活動
B.C.250前後	韓非子の活動
B.C.221	秦，天下を統一，始皇帝即位
B.C.202	劉邦（漢高祖）即位，前漢王朝成立
B.C.200	匈奴，平城で漢高祖を包囲
B.C.183	南越の趙佗，帝号を称す
B.C.141	武帝即位
B.C.119	漢の遠征軍，匈奴の勢力を退ける
B.C.111	漢，南越王国を併合
B.C.100頃	司馬遷『史記』の成立
9	王莽，即位し，「新」成立
23	王莽殺害，「新」滅亡
25	光武帝即位，漢王朝を再興（後漢）
57	「倭奴国王」漢に使者派遣
80頃	班固『漢書』の成立
189	董卓，献帝を擁立
200	曹操，華北を掌握
216	曹操，魏王となる
220	九品官人法の制定．曹丕，献帝の禅譲を受けて即位，魏王朝成立
221	劉備，即位し，蜀漢王朝成立
229	孫権，皇帝に即位.
263	魏，蜀を併合

事項索引

人名索引

岡本隆司（おかもと・たかし）

1965年（昭和40年），京都市に生まれる．京都大学大学院文学研究科博士後期課程単位取得退学．現在，京都府立大学文学部教授．博士（文学）．専攻，近代アジア史．
著書『近代中国と海関』名古屋大学出版会，1999年（大平正芳記念賞）
『属国と自主のあいだ』名古屋大学出版会，2004年（サントリー学芸賞）
『世界のなかの日清韓関係史』講談社選書メチエ，2008年
『中国「反日」の源流』講談社選書メチエ，2011年
『李鴻章』岩波新書，2011年
『近代中国史』ちくま新書，2013年
『袁世凱』岩波新書，2015年
『日中関係史』PHP 新書，2015年
『中国の誕生』名古屋大学出版会，2017年（樫山純三賞，アジア・太平洋賞特別賞）
『清朝の興亡と中華のゆくえ』講談社，2017年
『世界史序説』ちくま新書，2018年
『近代日本の中国観』講談社選書メチエ，2018年
『歴史で読む中国の不可解』日経プレミアシリーズ，2018年
ほか

中国《ちゅうごく》の論理《ろんり》
中公新書 2392

2016年 8 月25日初版
2019年 2 月25日 5 版

著　者　岡本隆司
発行者　松田陽三

本文印刷　三晃印刷
カバー印刷　大熊整美堂
製　　本　小泉製本

発行所　中央公論新社
〒100-8152
東京都千代田区大手町 1-7-1
電話　販売 03-5299-1730
　　　編集 03-5299-1830
URL http://www.chuko.co.jp/

Published by CHUOKORON-SHINSHA, INC.
Printed in Japan　ISBN978-4-12-102392-6 C1222

中公新書刊行のことば

いまからちょうど五世紀まえ、グーテンベルクが近代印刷術を発明したとき、書物の大量生産は潜在的可能性を獲得し、いまからちょうど一世紀まえ、世界のおもな文明国で義務教育制度が採用されたとき、書物の大量需要の潜在性が形成された。この二つの潜在性がはげしく現実化したのが現代である。

いまや、書物によって視野を拡大し、変りゆく世界に豊かに対応しようとする強い要求を私たちは抑えることができない。この要求にこたえる義務を、今日の書物は背負っている。だが、その義務は、たんに専門的知識の通俗化をはかることによって果たされるものでもなく、通俗的好奇心にうったえて、いたずらに発行部数の巨大さを誇ることによって果たされるものでもない。現代を真摯に生きようとする読者に、真に知るに価いする知識だけを選びだして提供すること、これが中公新書の最大の目標である。

私たちは、知識として錯覚しているものによってしばしば動かされ、裏切られる。私たちは、作為によってあたえられた知識のうえに生きることがあまりに多く、ゆるぎない事実を通して思索することがあまりにすくない。中公新書が、その一貫した特色として自らに課すものは、この事実のみの持つ無条件の説得力を発揮させることである。現代にあらたな意味を投げかけるべく待機している過去の歴史的事実もまた、中公新書によって数多く発掘されるであろう。

中公新書は、現代を自らの眼で見つめようとする、逞しい知的な読者の活力となることを欲している。

一九六二年一一月

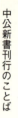

中公新書 哲学・思想

1353 物語 中国の歴史 寺田隆信
2392 中国の論理 岡本隆司
2303 殷―中国史最古の王朝 落合淳思
2396 周―理想化された古代王朝 佐藤信弥
2001 孟嘗君と戦国時代 宮城谷昌光
12 史記 貝塚茂樹
2099 三国志 渡邉義浩
7 宦《かん》官《がん》（改版） 三田村泰助
15 科《か》挙《きょ》 宮崎市定
1812 西《せい》太《たい》后《こう》 加藤徹
166 中国列女伝 村松暎
2030 上海 榎本泰子
1144 台湾 伊藤潔
925 物語 韓国史 金両基
1367 物語 フィリピンの歴史 鈴木静夫

1372 物語 ヴェトナムの歴史 小倉貞男
2208 物語 シンガポールの歴史 岩崎育夫
1913 物語 タイの歴史 柿崎一郎
2249 物語 ビルマの歴史 根本敬
1551 海の帝国 白石隆
2518 オスマン帝国 小笠原弘幸
1866 シーア派 桜井啓子
1858 中東イスラーム民族史 宮田律
2323 文明の誕生 小林登志子
1818 シュメル―人類最古の文明 小林登志子
1977 シュメル神話の世界 岡田明子 小林登志子
1594 物語 中東の歴史 牟田口義郎
2496 物語 アラビアの歴史 蔀勇造
1931 物語 イスラエルの歴史 高橋正男
2067 物語 エルサレムの歴史 笈川博一
2205 聖書考古学 長谷川修一
2523 古代オリエントの神々 小林登志子

中公新書

政治・法律

中公新書

言語・文学・エッセイ

j2